Frieder Lauxmann

Vom Nutzen
des unnützen Denkens

Frieder Lauxmann

Vom Nutzen des unnützen Denkens

*Wie Philosophie
auf die Welt einwirkt*

nymphenburger

Meinen Enkeln Ferdinand, Balduin und Malwine.
Noch sind sie wahre Meister im unnützen Denken,
doch sie lassen mich spüren, wie das Nützliche
aus dem Chaos hervorgeht.

© 2007 nymphenburger in der
F.A. Herbig Verlagsbuchhandlung GmbH, München.
Alle Rechte vorbehalten.
Schutzumschlag: Claudia S. Sanna
Schutzumschlagmotiv: © gettyimages, München
Satz: Uhl + Massopust, Aalen
Gesetzt aus: 11/13,8 pt Garamond BQ
Druck und Binden: GGP Media GmbH, Pößneck
Printed in Germany
ISBN 978-3-485-01103-7

www.nymphenburger-verlag.de

»Dort, wo ich wirklich hin muss, dort muss ich eigentlich schon sein. Was auf einer Leiter erreichbar ist, interessiert mich nicht.« (1930)

»Wenn die Menschen nicht manchmal Dummheiten machten, geschähe überhaupt nichts Gescheites.« (1946)

Ludwig Wittgenstein

Inhalt

Wie Geistiges auf die Welt wirkt 11

I. Teil: Der Weg der Vorausdenker

Kaiser Heinrich und die Phantasiestadt
In der Schule wird nach dem Nutzen gefragt 19

**Intermezzo: Nicht jedes unnütze Denken fördert
die Zukunft** 24

Mutter Philosophie und ihre nützlichen Kinder
Die verlorene Einheit des Wissens unter dem
Dach der Philosophie 26

Der Auszug aus dem Haus
Die Trennung der nützlichen Wissenschaften von
der Philosophie 33

Die Naturwissenschaft wird exkommuniziert
Galilei und das kopernikanische Weltbild 37

Gibt es einen philosophischen Weg zur Atombombe?
Das Weltbild der Naturwissenschaft hat sich
gewandelt 44

Die Strategie der Ameise oder der Weg
zur Zuckerdose
Wie man ein Ziel findet, von dem man nicht weiß,
ob es existiert 52

Intermezzo: Kolumbus und seine vergebliche Reise .. 59

Die Urväter des Computers und ihre untauglichen
Maschinen
W. Schickard, G. W. Leibniz und ihre
Nachfolger 61

Lästige Wahrheiten zur Unzeit
Jean-Jacques Rousseau und die Französische
Revolution 69

Der erfolgreiche Kampf der Erfolglosen
Suffragetten, Blaustrümpfe und Emanzen 77

Die ungeheuerliche Wahrheit
Goyas Gesellschaftskritik aus dem Unbewussten 87

Wage zu wissen
Kant und seine Verurteilung des »vorwitzigen und
müßigen« Denkens 91

Merksätze 1 96

II. Teil: Die Herrschaft der Nützlichkeit

Nutzen Nutzen über alles
Die genetische Last als Gefahr für den Menschen 101

Mister Mills zufriedene Schweine
Die englische Philosophie der Nützlichkeit 109

Mozart als Nutzobjekt
Musik im Dienst von Wirtschaft und Gesundheit 116

Echte Turboritter und falsche Samariter
Wirtschaftlichkeit und konkrete Humanität 123

Der Kampf um die Moral
Der Sittenwandel aus dem Untergrund des
   Weltgeistes 129

Der Geist der Pflanzenwelt jenseits der Chemie
Die Philosophie des biologischen Landbaus 135

Merksätze 2 144

III. Teil: Das Neue aus dem geistigen Hintergrund

Die Spuren des Geistes im Labor
Kann man Geistiges mit den Mitteln der Physik
   erklären? 147

Der doppeldeutige Geist und das Gespenst
Mit Kanonen kann man den Geist nicht
   erschießen 150

Geist steuert den Zufall
Kann Denken den Zufall beeinflussen oder ist es
   umgekehrt? 154

Sokrates und der fragwürdige Nutzen der Wahrheit
Ein nachempfundener Dialog mit seinem Schüler
  Lysimachos dem Jüngeren 162

Die Auflösung von Subjekt und Objekt
Das Geheimnis der Voraus- und Weiterdenker 165

Wie man Descartes überwindet
Die Grenzen des geregelten Denkens 169

Intermezzo: Vom einsamen Spielen 174

Wer fragt nach dem Nutzen der Liebe?
Eine himmlische Szene 176

**Warum es Philosophen manchmal so schwer
  haben, ihre Weisheit darzustellen**
Ein Plädoyer für sprachliche Direktheit auch in der
  Philosophie 185

Das Heute ist kein unvollkommenes Morgen
Thesen über das Neue und wie es auf die Welt
  wirkt 191

Merksätze 3 197

Ein philosophisches ABC 198
Literatur 203

Wie Geistiges auf die Welt wirkt

Eine neue Erkenntnis muss nicht das Ergebnis sinnvoller Überlegungen sein. Dies wird in einer scheinbar ganz alltäglichen Geschichte erkennbar. Gelegentlich begegne ich Max-Gustav, den ich noch von der Studienzeit her kenne. Er studierte damals Biologie und denkt seither so, wie er meint, dass Biologen denken müssten. Ihm schenkte ich vor einiger Zeit mein Buch »Die Schöpfung«, wohl wissend, dass ich darin manchen Biologen nicht nach dem Mund rede beziehungsweise schreibe. Als ich den Freund im Frühjahr wiedertraf, war ich so unhöflich, ihn zu fragen, was er zu meinem Buch sagen könne. »Ach, weißt du«, sagte er, »um ehrlich zu sein, ich habe es nicht gelesen, denn schon das Wort Schöpfung geht mir gegen den Geist. Es gab und gibt keine Schöpfung, die Welt ist ohne Plan entstanden, also kann ich mit dem Wort Schöpfung und allem, was nach Plan und Sinn beim Entstehen der Welt spricht, nichts anfangen.« Ich wich der weiteren Diskussion über dieses Thema aus und fragte daher ganz unverfänglich nach seinen Urlaubsplänen. Dabei erfuhr ich, dass er beabsichtige, den Piz Palü in den Graubündner Alpen zu besteigen. Ich blickte ihn anerkennend und fast ein bisschen neidisch an, denn eine Gletschertour bis auf fast viertausend Meter Höhe traue ich mir nicht zu.

In diesem Augenblick fiel mir etwas ein: »Du glaubst doch nicht, dass irgendetwas vorherbestimmt ist.« – »Allerdings, die Zukunft gestalten wir Menschen, das bereits Vorhandene, die Naturgesetze und der Zufall, sonst gibt es da nichts.« Jetzt wollte ich nur seine Vernunftthese etwas erschüttern, dabei dachte ich blitzschnell an die Frage »Und woher wissen wir Menschen, wie wir die Welt gestalten sollen?« – Doch ich unterdrückte sie und sagte stattdessen nur: »Also angenommen, auf der Fahrt in die Bündner Alpen macht ihr vom Alpenverein Pause in Sankt Moritz. Dort ist gerade Markt und eine bunt gekleidete ältere Dame mit abenteuerlichem Gesicht will dir aus der Hand lesen. Rein zum Scherz zeigst du ihr deine Linke. Sie schaut lange hinein, macht ein bedenkliches Gesicht, fragt nach deinem Vorhaben. Dann sagt sie: ›Den Palü-Gipfel wirst du nicht erreichen.‹ Wie würdest du mit einem solchen Spruch umgehen?«

Max-Gustav machte eine abwertende Handbewegung und sagte. »Das wäre für mich alles nur ein Scherz. Ich ließe mir doch durch ein solches Spielchen mein Bergabenteuer nicht verderben. Von solchen unnützen Sachen halte ich absolut nichts, das weißt du ja.« Natürlich wusste ich das längst und wir sprachen dann wieder über etwas ganz anderes.

Im Herbst dieses Jahres bin ich dem Freund wieder begegnet. Gleich fragte ich ihn: »Na, wie war's auf dem Piz Palü?« Der Biologe machte wieder seine abwertende Handbewegung. »Wir waren an der Nordsee.« – »Aha, mit dem Alpenverein an der Nordsee, das ist mir neu. Erklimmt ihr da jetzt auch Sanddünen, mit Pickel und Seil womöglich?« bemerkte ich erstaunt. Doch er flüsterte fast: »Ach was, ich war natürlich mit meiner Familie dort.« Das überraschte mich: »Wie kommt das, du wolltest doch klettern?« Max-Gustav war jetzt wirklich etwas verlegen, was er sonst nie zu sein scheint. »Du hast mir den Piz Palü vermiest. Nachdem du die Geschichte mit der Wahrsagerin erzählt hast, wollte ich irgendwie nicht mehr.«

Mich überraschte diese Reaktion, ich hatte sie nie erwartet und bekam fast ein schlechtes Gewissen. Erstaunt fragte ich ihn: »Ich soll dir den Piz Palü vermiest haben? Wie kommst du denn darauf? Ich kenne dich doch, wie kann gerade dir so etwas passieren, du hast das doch nicht nötig. Meine Geschichte war doch nur ein belangloser Scherz.«

Endlich rückte er mit der Sprache heraus, fast flüsternd und verlegen. Es fiel ihm sichtlich schwer, mir das zu gestehen: »Ich träumte zweimal tatsächlich von einer solchen Wahrsagerin.« – »Die hat es doch gar nicht gegeben. Es war ja alles nur Theorie.« Mein Einwand änderte nichts an seiner Verstimmung. »Natürlich war deine erfundene Geschichte eine Theorie. Meine Träume aber waren echt. Und da bekam ich wirklich Angst.«

Dieses Bekenntnis wunderte mich. Eigentlich wollte ich ihn noch fragen, ob seine Träume geplant waren, einem Naturgesetz oder reinem Zufall folgten, weil er doch nichts anderes anerkannte, doch da war er schon mit schnellem Abschied seines Weges gegangen.

Als ich wieder allein war, beschäftigte mich unser Gespräch noch eine Weile. Eine frei erfundene Wahrsagerin und eine mehr oder weniger als Scherz oder Spiel gestellte, wenn auch provozierende Frage war es gewesen. Sie hatte eine zumindest für den Freund schwerwiegende Entscheidung provoziert. Und noch eine andere, erstaunliche Folge hatte das Ganze. Die virtuelle Wahrsagerin mit ihrer Handliniendeutung war in die Wirklichkeit hinübergewechselt: Ihre Aussage »Den Palü-Gipfel wirst du nicht erreichen« ist in Erfüllung gegangen. War aus seiner rationalen Entscheidung, die Bergtour zu unternehmen, eine irrationale Fehlentscheidung geworden? Vermutlich war es gerade umgekehrt. Max-Gustav ist nicht mehr der Jüngste. Er wird vage gespürt haben, dass seine Kondition vermutlich nicht ausreichen könnte. Das hat er sich natürlich nicht eingestanden. Die von mir provozierte Handlinienleserin ist ihm deshalb nachgegangen, weil sie ihm im Traum etwas gesagt hat, was er im wachen Zustand nicht wahrhaben wollte.

Sein Traum ist also ganz leicht zu erklären. Die Geisterdame aus seinem Inneren hat ihm einfach gezeigt, wie es wirklich um ihn steht, sie wollte ihm die Schlappe ersparen. Das ist schon alles. Die Wahrsagerin ist zur Wahrheitsagerin geworden. Ich hatte ihm nur das Stichwort geliefert, anhand dessen er eine Erkenntnis finden konnte, die ihm sonst gefehlt hätte. Vielleicht habe ich ihn wirklich vor einer Gefahr gewarnt, nämlich einem körperlichen Versagen mit ernsten Folgen. Dazu bedurfte es keines Sturzes in eine Gletscherspalte.

Was hat dies mit Philosophie zu tun? Einiges. Mit Traumdeutung wollen wir uns hier im Folgenden zwar nicht befassen, doch immerhin mit der Außenwirkung von Gedanken und geistigen Erfahrungen. Natürlich war die irreale Wahrsagerin keine Philosophin. Doch sie hat einem Menschen zum Nachdenken verholfen, wenn auch zunächst über den irrationalen Umweg eines Traumes. Es ist eine der wichtigsten, vermutlich die wichtigste Aufgabe der Philosophie, den Menschen beim Denken und Erkennen zu helfen, auch jenseits von Psychologie und Logik.

Dazu gehört es, das Denk- und Erkenntnisvermögen zunächst unter die Lupe zu nehmen, und dann den Leuten zu zeigen, wie sie mit dem, was sie in ihrem Kopf mitbekommen haben, besser umgehen können. Philosophen sind also keine Wahrsager, denn Über- und Hintersinnliches ist nicht ihr Terrain. Sie müssen jedoch den Menschen zumindest dabei helfen, Wahrheiten zu verstehen und zu entschlüsseln. Dabei können sie selbst zu Wahrheitsagern werden.

Doch da meldet sich das alte deutsche Sprichwort: »Wer

die Wahrheit geigt, dem schlägt man die Fiedel auf den Kopf.« Neue Wahrheiten kommen meist aus dem Hintergrund. Sie erscheinen nicht als flammende, alle Menschen erfassende Erkenntnis mit Glorienschein, sondern sie werden zunächst nur von einzelnen Menschen geahnt und erkannt. Und dies ist das Wunderbare an dieser Geschichte: Aus einem Wort, einer Beobachtung, einem Traum, einer scheinbar nebensächlichen Frage, also aus einem immateriellen Gedanken wird plötzlich oder im Lauf der Jahrzehnte und Jahrhunderte eine Entscheidung, ein Ereignis, eine weltumfassende Erfindung, also letztlich etwas, das man als Materie wahrnehmen kann.

Denker empfangen und säen den ungreifbaren Geist, doch die Welt muss nützliche Früchte tragen.

Die für mich noch immer aufregendste Erkenntnis ist die des Evangelisten Johannes: Durch das Wort, d. h. durch einen geistigen sinnerfüllten Impuls ist alles entstanden, was wir in der Welt sehen. »Es war in der Welt und die Welt ist durch dasselbe gemacht und die Welt kannte es nicht.« Daran hat sich nichts geändert. Die Menschen halten sich normalerweise an das Sichtbare, das Nutzbare, an das, was sie für notwendig halten. Daher richtet sich die Frage an alle: Wie gehe ich mit dem Neuen, Ungewohnten, nur geistig Erkennbaren um und wie mit den Menschen, die in dieser Hinsicht anders sind als ich?

Die Saat wird oft nicht erkannt. Sie nützt noch nicht. Daher werden die Denker, Künstler, Erfinder und Künder des Neuen nicht verstanden, sondern verachtet und verfolgt. Ihr verdienter Ruhm erreicht sie oft zu Lebzeiten nicht mehr. Ihnen ist dieses Buch gewidmet.

I. Teil

Der Weg der Vorausdenker

Kaiser Heinrich und die Phantasiestadt

In der Schule wird nach dem Nutzen gefragt

Man muss ein nützlicher Mensch werden, und seine Hausaufgaben vergisst man nicht. Richtig? So muss es sein und bleiben. Manche Schüler haben damit allerdings Probleme, sie denken nicht an morgen, auch nicht an übermorgen, sie planen nicht, sie spielen. Das müssen nicht die dümmsten sein.

Als ich zwölf Jahre alt war, hatte ich ein verhältnismäßig bescheidenes Hobby: Ich entwarf Landkarten und vor allem Stadtpläne aus der Fantasie. Meine Stadtpläne waren allerdings keine Visionen für eine zukünftige Weltbesiedelung, sie orientierten sich nur an schon vorhandenen Städten, wie zum Beispiel an Calw, über dessen engem Talgrund am Rand des Schwarzwalds unsere Schule lag. In meinen Plänen gab es auch Altstädte mit Stadtmauern und Neubauviertel; ich entwarf die Lage von Bahnhöfen, Flüssen, Brücken und vielem mehr. So viel dachte ich an meine Städte, dass ich auch gelegentlich während des Unterrichts an meinen Plänen »arbeitete«. Einmal, als der Geschichtsunterricht mir ganz besonders langweilig erschien, weil mich die Geschichte der Salierkaiser, ehrlich gesagt, nicht sonderlich interessierte, plante ich gerade eine Straßenbahnlinie in eine Vorstadt. Der Geschichtslehrer schaute gnädig zu mir hinüber, weil er meinte, ich schreibe mit. Als er dann etwas näher kam, ließ ich meinen Plan unter der Bank verschwinden. Das hätte ich nicht tun sollen, denn gerade dadurch schöpfte er den durchaus berechtigten Verdacht, dass ich nichts Geschichtliches aufs Papier gebracht hatte. Natürlich wollte er es sehen und zögernd zeigte ich ihm mein unvollendetes Werk. Laut und für die ganze Klasse vernehmlich verkündete er: »Was soll dieses unnütze Zeug? Wer solche Hirngespinste im Kopf hat, wie will der es zu etwas bringen? Sag mir jetzt bitte gleich: Wann wurde Heinrich III. gekrönt?« Natürlich wusste ich es nicht, obwohl er vermutlich zehn Minuten zuvor darüber gesprochen hatte. Er, wieder lautstark: »Lauxmann, beschäftige dich mit nützlichen Sachen, das bringt dich weiter.« Dann nahm er meinen Plan, zerknüllte ihn und warf in aus fünf Metern Entfernung in Richtung Papierkorb. Meine blitzartige Hoffnung, er werde daneben treffen, erfüllte sich leider nicht. Er traf und die Klasse war zumindest von dieser Leistung beeindruckt. Dann setzte er seinen langweiligen Unterricht fort, offensichtlich in der felsenfesten Annahme, es sei nützlicher, über ein Krönungsdatum aus dem Mittelalter Bescheid zu wissen, als über die Fähigkeit zu verfügen, Fantasiestädte zu entwerfen.

Das unausgesprochen allgegenwärtige Betonen der Nützlichkeit in allen Lebenslagen hat mir seither keine Ruhe gelassen. Man soll zielgerichtet planen, arbeiten und vor allem denken. Ja, selbst der Sport dient der körperlichen Ertüchtigung, nicht einfach nur dem Vergnügen. Leistung zählt, Punkte müssen erreicht werden, Schulnoten sind das Ziel des Lernens. Man muss es zu etwas bringen. Jede gedankliche Abschweifung dient womöglich Hirngespinsten und ist vergeudete Zeit. Walter, mein Sitznachbar, hatte auf dem Reklamelineal der Kreissparkasse einen Werbespruch: »Spare, lerne, leiste was, dann hast du, kannst du, bist zu was.« Jawohl, das stimmt, so bringt man es im Leben (wie er) zum Hauptsekretär. Alle Ziele laufen also letztlich darauf hinaus, entweder der Geldbeschaffung oder der Gesundheit zu dienen. Mir ging das schon damals gegen den Strich, ich wusste jedoch noch längst nicht, warum. Eigentlich wollte ich es ja auch »zu etwas bringen«, doch das war damals absolut nicht mein Problem.

Als ich mich nach diesem Rüffel auf den Nachhauseweg machte, der mich zu Fuß fast zwei Stunden durch Wälder und quer durch das Rötelbachtal führte, dachte ich nicht mehr über Kaiser Heinrich, auch nicht über meinen Stadtplan nach, stattdessen unterbrach ich meinen einsamen Weg am Bach und baute dort für ein paar Minuten ein kleines Stauwehr aus Steinen und Moos, das war genauso überflüssig und unnütz wie meine Stadtpläne. Seit damals habe ich übrigens keine Stadtpläne mehr gezeichnet.

Zielloses Denken kann manchmal zu Zielen führen, die wir erst dann als Ziel erkennen, wenn wir angekommen sind. Manchmal führt es uns in die Wüste. Wo bleiben da die gängigen Rezepte? Man kennt vielleicht die falschen Entscheidungen, doch kennt man auch die unterbliebenen Entscheidungen, weil einem die Fantasie fehlte, an sie überhaupt zu denken? Damit zeigt sich uns zunächst nur die Oberfläche des Problems. Seit Beginn unserer geschichtlichen Überlieferung hat es immer wieder Denker gegeben, die die Hintergründe unseres Denkens und Lebens erforschen wollten, dann jedoch wie Sokrates erkennen mussten, wie wenig man doch eigentlich wissen konnte. Wo sie auf geraden Wegen nicht weiter kamen, sind sie in das Land der Fantasie eingebogen, daran hat sich auch heute nichts geändert. Dort haben sie viel unnützes Zeug gelehrt und zu Papier gebracht, das zu Recht vergessen ist. Doch immer wieder gelangen Einzelnen von ihnen Gedanken, die Lösungen zeigten, manchmal sogar solche, die die Welt und die Menschheit veränderten. Wenn es so einfach wäre, das Nutzlose vom Nützlichen sofort zu unterscheiden, wie wir uns manchmal einbilden, dann könnten wir uns jetzt bequem zurücklehnen und unser Leben unter Nützlichkeitsgesichtspunkten weiter betreiben.

Normalerweise sind die Menschen nur mit ihren Vordergründen befasst und nicht mit ihren Hintergründen. Wer Auto fährt, denkt ja auch nicht immer darüber nach, was jetzt gerade im Motor geschieht oder in der Schaltung. Deshalb sind wir bei einer Panne meist hilflos. Bei Autopannen kann man sich notfalls in die Werkstatt abschleppen lassen. Bei Denkpannen ist das nicht ganz so einfach. Die muss man meistens selbst beheben, wenn uns nicht Denker helfen. Das ist eigentlich der ganz einfache Grund, warum Denker das, was sie erfahren und erkannt haben, an die Mit- und Nachwelt weitergeben wollen. Der Autovergleich ist hier zu Ende, denn das, was im Kopf vor sich geht, funktioniert nicht wie eine Maschine. Die Hintergründe unseres Denkens passen in kein Schema und in kein noch so kompliziertes technisches Programm.

Eine im wahrsten Sinne des Wortes ansprechende Philosophie muss daher die Menschen bei ihren Vordergründen abholen und sie zu den Hintergründen führen. Allgemein gesprochen: Philosophie kommt aus dem Leben und führt zu ihm zurück. Dieser Weg mag weit und verschlungen sein, doch das Nützliche liegt nicht auf dem geraden Weg vor uns, es sind die scheinbaren Abwege, auf denen wir es suchen müssen. Nicht nur Philosophie, sondern auch naturwissenschaftliche Erkenntnisse, ein Roman, die Musik oder ein Kunstwerk können unser festgefahrenes Denken wieder in Bewegung setzten. Vor allem geht es darum, zu erfahren, was Denken in der Welt ausrichten und anrichten kann.

In diesem Buch werden wir erfahren, welche Kraft geistige Erkenntnisse auch dann ausüben, wenn ihre Nützlichkeit noch verborgen ist. Denken dort, wo die Wege noch nicht gebahnt sind, wo es keinem nützlichen Zweck dient, bringt keine gleich erfassbaren Vorteile, es passt nicht in unsere Leistungsgesellschaft. Mit ihm kann man nicht punkten, nicht aufsteigen, keinen Preis gewinnen, kein Geld verdienen. Es ist ein teurer Luxus, den sich die vordergründig Erfolgreichen immer weniger leisten können. Gerade zu diesem kostenlosen Luxus soll hier ermuntert werden. Immer wieder hören wir von Menschen, oder wir begegnen ihnen sogar, die im Kleinen oder im Großen unangepasste Fragen an ihre Mitwelt stellen. Nehmen wir sie eigentlich ernst? Haben wir die Weisheit, das wirklich Abwegige, Abstruse, verrannte Denken von dem zu unterscheiden, das auf vielleicht noch unvollkommene Weise auf etwas Neues oder Verkanntes, auf einen geistigen Reichtum hinzielt? Im bewussten Umgang mit solchen Fragen können wir unser Urteil reifen lassen und zugleich erleben, welche Befriedigung und Freude es uns verschaffen kann, wenn es manchmal gelingt, im scheinbar Unnützen das Nützliche zu entdecken.

Intermezzo:
Nicht jedes unnütze Denken fördert die Zukunft

Das hübsche Städtchen Laufenburg am Hochrhein ist seit Napoleons Zeit zweigeteilt. Es gibt linksrheinisch eine schweizerische und rechtsrheinisch eine deutsche Seite. Dort wurde im Dezember 2004 eine neue, 225 m lange Rheinbrücke eingeweiht, als Gemeinschaftsbau von Deutschland und der Schweiz. Jede Seite sollte bis zur Mitte bauen. Ein Jahr vor der Fertigstellung, während schon gebaut wurde, entdeckte man eine peinliche Panne. Die Schweiz baute einen halben Meter, genau 54 cm, zu tief. Wenn man so weitergemacht hätte, wäre man in der Mitte nicht zusammengekommen.

Ein Grund war schnell gefunden: Die Schweiz misst die Meereshöhe ab dem Mittelmeer, Deutschland orientiert sich an der Nordsee, daher ergab sich der Unterschied. Das leuchtete ein. Doch als man weiterfragte, stellte sich heraus, dass dieser Unterschied nur 27 cm beträgt und dies war bei der Planung längst bekannt gewesen. Was war passiert? Ein Schweizer Denker rechnete so: Wir liegen 27 cm tiefer, also müssen wir 27 cm tiefer bauen. Logisch. Oder vielleicht doch nicht?

Der Höhenunterschied an der Rampe konnte beim Bau gerade noch ausgeglichen werden. Bei der dann noch rechtzeitigen Einweihung der Brücke freute sich der Bürgermeister im badischen Laufenburg: Die Berichte in den Medien und das dabei entstandene Gelächter über diese Panne haben unsere schöne Stadt bekannt gemacht. Das dient unserer Wirtschaft. Gab es also doch einen Nutzen?

Wir dachten: Wenn unser Meeresspiegel 27 cm tiefer liegt, dann müssen wir auch die Brücke 27 cm tiefer ansetzen.

Zeichnung: Klaus Stiglat

Mutter Philosophie und ihre nützlichen Kinder

Die verlorene Einheit des Wissens unter dem Dach der Philosophie

Hannah Arendt sagte einmal in einem Interview: »Gelächter und nicht Feindseligkeit ist die natürliche Reaktion der vielen auf das, womit sich der Philosoph beschäftigt, und seine offensichtliche Nutzlosigkeit.« (Denken ohne Geländer, S. 22). Sie meinte damit nicht, der Philosoph erzähle Witze, was zumindest in seinen Texten extrem selten vorkommt, sie dachte vielleicht an das Hohngelächter der Verständnislosen, für die der Philosoph allenfalls eine Witzblattfigur darstellt. Doch so ist es schon längst nicht mehr. Die Banalen lachen nicht über den Philosophen, sie nehmen ihn gar nicht wahr. Hannah Arendt sagte auch, wenn sie schreibe, sei sie an Wirkung nicht interessiert. In beidem hat sie, vom Ergebnis her gesehen, Unrecht. Über Hannah Arendt wurde nicht gelacht und sie hatte mit einigen ihrer Texte große Wirkung. Am berühmtesten geworden ist ihr Bericht »Eichmann in Jerusalem«, in dem sie vor einer breiten Öffentlichkeit die »Banalität des Bösen« darstellte. Damit bestätigte sie nicht das Klischee, das man sich vom Bösen so gerne macht. Man stellt sich unter dem Bösen einen Menschen vor, der mit grimmem Blick, den Dolch in der Hand, immer nur lügen und betrügen könne. Eichmann musste im Vorurteil der Menschen das Böse in möglichst reiner Form verkörpern, damit man getrost sagen konnte:

Gott sei Dank, ich bin nicht so. Das Entwaffnende an Ahrendts Bericht war, dass sie Eichmann als einen banalen Menschen schilderte, dem es auf seine Karriere ankam. Daher war er darauf aus, es seinen Vorgesetzten immer recht zu machen, egal, was sie von ihm verlangten. Er war Bürokrat und Technokrat. Er hatte nur, wie Hannah Arendt schrieb, ein »verbarrikadiertes Gehirn«, da erübrigen sich Hass und Fanatismus, die man vermutlich bei ihm gerne entdeckt hätte. Menschen von seiner Charakterstruktur gab und gibt es viele überall in der Welt.

Diese beunruhigende Einsicht hatte weltweit etwas bewirkt, vielleicht nicht genug, denn unangenehme Tatsachen werden leichter vergessen als angenehme. Das Böse in Form von blindem Gehorsam und peinlicher Korrektheit, passt das in unsere Tugendlehre? Geht das nicht allen gegen den Strich? Eichmann starb nicht als Rebell, sondern als Vollstrecker eines vorauseilenden Gehorsams gegenüber einem Verbrecher. Kein Wunder, wenn Hannah Arendt nicht nur gelobt, sondern auch angefeindet wurde.

Obwohl Philosophie derzeit eine Renaissance erlebt, hat sie es immer noch schwer, ihre Nützlichkeit zu beweisen, die meisten Philosophen kümmern sich darum auch nicht. Zu Recht. Das hat ganz einfache Gründe. Die Philosophie ist nämlich die Mutter *aller* Wissenschaften. Doch wie es so kommt im Leben, die Kinder wurden nützlich, sind längst flügge, haben eigene Familien gegründet und kümmern sich kaum noch um ihre alte Mutter. Sie lebt im Seniorenheim und schreibt eine Unmenge von Briefen, die von den Kindern allerdings kaum gelesen werden. Wenn sie redet, hören die Kinder nicht zu, sie fühlen sich nicht mehr betroffen und lassen sich ungern von der Alten dreinreden.

Die gute alte Zeit der Philosophie war, als sie einst ein Begriff für die Gesamtheit aller Wissenschaften war, weil man

Weisheit und Wissen noch nicht auseinanderhalten konnte. Man unterschied auch nicht zwischen materiell nutzbarem und nur geistigem Wissen, alles war miteinander verbunden. In vorgeschichtlicher Zeit waren der Stammeshäuptling, der Zauberer, der Medizinmann und der Priester Angehörige einer gemeinsamen Denkwelt. Mythologie und Geschichte ließen sich nicht voneinander trennen. Was man von den Ahnen wusste, wurde mythologisch verbrämt. Dichtung und Wahrheit bildeten eine Einheit. Die Weisen hatten Zugang zu der Götterwelt, sie zauberten, heilten, regierten und führten das Volk. Gestalten wie Moses im Alten Testament zeigen, wie diese Ämterhäufung funktionierte. Moses war geistlicher und weltlicher Führer seines Volkes, er wusste den Weg, er war Prophet und Weiser, er sorgte für Wunder, um das verletzliche Volk am Leben und bei Laune zu halten, und schließlich war er derjenige, dem Gott die Zehn Gebote verkündete und im brennenden Dornbusch erschien.

Thales und seine nützliche Weisheit

Der erste namentlich bekannte Denker des Abendlands, der mit seinem Denken die noch ungetrennte mütterliche Philosophie seiner Zeit umfasste, war Thales von Milet (ca. 625–545 v. Chr.). Auch wenn man nicht sehr viel von ihm kennt, weiß man doch, dass er sich über Theologie, Psychologie, Mathematik, Physik, Astronomie, Recht und Wirtschaft Gedanken machte. Medizin, Ethik und Dichtkunst gehörten natürlich auch zum Geschäft. Möglicherweise hat Thales noch nach alter Sitte seine Erkenntnisse in Verse gefasst, sodass man sie wie die Odyssee deklamieren konnte. Man könnte sich das etwa so ausmalen: Der philosophische

Lehrer kommt ins Dorf, stellt sich auf die Agora und deklamiert über alles, was es von Gott und der Welt zu wissen gibt. Das Volk steht um ihn herum und lauscht mehr oder weniger gebannt.

Mit seinem Wissen konnte Thales die Zeitgenossen belehren, fürs Leben stärken, beeindrucken, verblüffen und sogar finanziell ausbeuten. Philosophie war nützlich, und Thales wollte und konnte das beweisen. Mythologie ließ Thales allerdings links liegen, denn die Nützlichkeit der Götter war schon immer eine zweifelhafte Sache. Man wusste nie so genau, wie man sie wirksam einsetzen konnte, ohne dass sie gleich beleidigt waren.

Doch mit dem astronomischen Blick nach oben war das ganz anders. Wie Thales es mit den damaligen mathematischen und astronomischen Kenntnissen geschafft hat, eine Sonnenfinsternis exakt vorherzusagen, kann man heute nicht mehr nachvollziehen. Das Jahr dieser von Thales vorausberechneten Finsternis war 585 v. Chr. Diese Jahreszahl konnten allerdings erst moderne Astronomen im Nachhinein ermitteln und damit zugleich beweisen, dass es diese Sonnenfinsternis tatsächlich gegeben hat. Die Verfinsterung ereignete sich, als die Lydier und die Meder gerade angefangen hatten, ihren Krieg in einer Schlacht zu entscheiden. Als es dann mitten am Tag plötzlich dunkel wurde, verging ihnen wohl die Lust am Hauen und Stechen und sie brachen vorsichtshalber die Schlacht ab. Nicht zu Unrecht werden sie in der Verfinsterung ein drohendes Zeichen der Götter erblickt haben.

Vielleicht hätten sie den Krieg schon vor der Schlacht aufgesteckt, wenn sie von der in Ionien vorberechneten Prophezeiung des Thales gewusst hätten. Doch damals gingen die Nachrichten nicht so schnell über den Globus. Und immerhin: Von Lydien im Westen Kleinasiens bis nach Medien im Westen Persiens ist doch ein gutes Stück Wegs für die Schlachtrösser.

Man stelle sich vor, ein Philosoph verhinderte mit naturwissenschaftlichen Methoden einen Krieg. So schön war das damals.

Die Höhe der Pyramiden oder die eines Turms zu berechnen, das war vor Thales zumindest in Griechenland ein noch unlösbares Problem. Dennoch fand er eine einfache Lösung: Man wartet, bis der eigene Schatten gleich lang ist wie die eigene Größe des Beobachters. Dann, so schloss er richtig, ist der Turm auch gleich hoch wie die Länge seines Schattens. Dieses nützliche Stück Geometrie mag uns heute als simpel erscheinen, damals war es zumindest in der griechischen Welt der Beginn der wissenschaftlichen Land- und Seevermessung. Sie konnte sich damit schon frühzeitig aus der Philosophie herauslösen und bezahlten Technikern und Handwerkern überlassen werden.

Sein Hauptgeschäft soll Thales mit einer Spekulation gemacht haben. Er berechnete nämlich das Sommerwetter eines Jahres im Winter schon voraus, etwas, wovon Meteorologen trotz ihrer Satellitenbilder und Computersimulationen bis heute noch träumen. Mit diesem Wissen konnte er eine reiche Olivenernte vorhersagen. Also mietete Thales schon im Winter sämtliche Ölpressen in Milet und auf Kios für die Zeit der nächsten Ernte. Damit war er Monopolist und konnte, wie das heute noch üblich ist, die Preise für die weitere Pacht nach Belieben in die Höhe treiben. Doch im Gegensatz zu seinen weniger geistreichen Nachfahren im Börsengeschäft interessierten Thales als einem Weisen Geld und Reichtum natürlich nicht wirklich, er wollte nur zeigen, wie man Geld macht, wenn man der Konkurrenz mit einem berechneten Blick in die Zukunft einige Nasenlängen voraus ist.

Wenn wir davon ausgehen, Thales habe das Geschäft mit den Ölpressen vielleicht nur gelehrt, nicht jedoch selbst wirklich unternommen, so hat er der Menschheit zumindest eines gezeigt: Es ist schön, sich vorzustellen, man könnte reich sein, wenn man es nur wollte. Leider muss man zugeben, Normalmenschen begnügten sich noch nie mit solch hehren Gedanken, denn noch schöner ist es, wenn man wirklich genügend Geld hat. Dabei wird die Schmerzgrenze beim Zuviel an Geld viel schwächer empfunden als die bei zu wenig. Das dürfte zu Zeiten des Thales wohl auch schon so gewesen sein.

Wenn Thales die Mythologie weitgehend vernachlässigte, war das für ihn keine Gottlosigkeit. Ihn interessierte das Göttliche und das, was – nach Goethe – »die Welt im Innersten zusammenhält«. Doch mit den innerfamiliären Streitigkeiten und Verbrechen im olympischen Himmel, die so viel Stoff für Sagen und Tragödien hergaben, scheint er sich nicht befasst zu haben. Er hielt sich eher an die Materie. Vielleicht war dies der Grund, warum ihn die beleidigten Götter des Olymp in einen Brunnen stolpern ließen. Er wurde beim Stolpern, meint Sokrates in Platons Dialog Theaitetos, von einer »witzigen Thrakerin, einer anmutigen und freundlichen Dienstmagd« ausgelacht und verspottet, weil er in den Himmel blickte, aber nicht bemerkte, was vor seinen Füßen lag. Es mag sein, dass Sokrates mit dieser Erzählung Recht hatte, wahrscheinlicher ist jedoch, dass Thales das hübsche blonde Mädchen angestarrt, und dabei den Brunnen übersehen hat. (Die Thraker sollen blond oder rothaarig gewesen sein.)

Vielleicht um den Verdacht zu zerstreuen, der Weise habe nur das Mädchen im Blick gehabt und weder den Sternenhimmel noch den Brunnenrand, ändert ein halbes Jahrtausend nach Platon der Historiker Diogenes Laertius (nicht der im Fass) um 220 nach Chr. die Geschichte ab. Nach ihm soll Thales seinen Abendspaziergang in Begleitung eines »alten Weibes« unternommen haben, die ihn dann wegen seines Stolperns belehrt hat, man müsse auch auf den Boden unter den Füßen achten. Schade! Die mit dem Mädchen ist sicher die nettere Geschichte.

Noch rund zweihundert Jahre nach Thales war bei Platon und Aristoteles das Wissen der Welt unter einem (Schädel-)Dach versammelt. Platon schrieb nicht nur unter vielem anderen über seine Ideenlehre, sondern auch über das Göttliche und die Seele. Er lehrte über Moral, Liebe, Recht, Gesetze, Politik, Medizin, Physik, Musik und manches andere, insbesondere natürlich über die Art und Weise, wie man überhaupt mit dem Wissen umgehen kann. Aristoteles legte darüber hinaus Schwerpunkte auf Naturwissenschaft, Logik, Ethik als System, Poetik, Erziehung und vieles andere mehr. Beim Stolpern in den Brunnen mag ein Philosoph weltfern sein, im Denken und Schreiben nicht, wenigstens damals. Es gab eigentlich nichts an nützlichem Wissen, wofür sich ein Philosoph nicht interessieren konnte und musste.

Das Wesentliche an dieser Universalbildung war, dass sie nicht in verschiedene Fächer getrennt war, sondern eine umfassende gedankliche Einheit bildete. Es ist schließlich ein substanzieller Unterschied, ob z. B. Ethik und Naturwissenschaft Bestandteile einer gemeinsamen Lehre sind oder ob sie in verschiedenen Fakultäten gelehrt werden. Wenn die Köpfe seit damals in gleichem Maße gewachsen wären wie das menschliche Wissen, dann hätten wir heute damit vielleicht kein Problem. Die Natur hat es jedoch trotz allem gnädig mit uns gemeint, denn man stelle sich Menschen mit so riesigen Schädeln vor, das wäre lästig.

Der Auszug aus dem Haus

Die Trennung der nützlichen Wissenschaften von der Philosophie

Der Auszug der philosophischen Töchter und Söhne ging nicht schlagartig vor sich, denn schließlich gab es zunächst keinen Familienkrach. Die Trennung von der Allesdenker-Mutter geschah nach und nach. Man kann sagen: Wenn die Dinge nützlich und beweisbar werden, gehen sie der Philosophie allmählich verloren. Dieses Auseinandertriften begann, wie wir gesehen haben, zwar schon im Altertum, doch war es im Wesentlichen erst ein Werk der Renaissance. Es dauert an bis in die Gegenwart.

Philosophie behielt über tausend Jahre ihre Stellung als Sammelbegriff für das Allzweckwissen, soweit es sich nicht auf Kriegs- und Handwerkskunst bezog. (Bildhauer und Maler waren Handwerker.) Noch im Mittelalter unter dem Einfluss der Scholastik waren Theologie und Philosophie vereint, auch die Naturwissenschaften standen immer noch im Schatten des allseits bewunderten, wenn auch heidnischen Aristoteles, der ein richtiger Alleswisser gewesen war. Selbst Hildegard von Bingen (1098–1179) war nicht nur mit religiöser Inbrunst und ihren mystischen Visionen befasst. Als weiblicher Hansdampf in allen Gassen leitete sie ihre Klöster, schrieb über Tugenden, Gottes- und Lebensweisheit, über Pflanzen, Tiere, Heilkunde und Ernährung. Fast gegen jedes körperliche Problem hatte sie ein Rezept, so entwickelte sie auch (längst vor Viagra) ein sehr kostspieliges und umständlich zuzubereitendes Mittel gegen männliches Unvermögen in Bezug auf die Zeugung, das sich wohl nur die reichsten unter den Männern leisten konnten. Besonders gut scheint sie sich mit dem Intimbereich der Männer ausgekannt zu haben, wobei nicht geklärt ist, wie sie, die schon als Kind in ein Kloster gesteckt wurde, zu diesem Wissen gekommen ist. »Die Zahl dieser Gezelte ist zwei... Und wenn sie dann diesen Stamm in seiner Kraft aufrichten, halten sie ihn fest, und also grünt dieser Stamm zur Nachkommenschaft... [Manche Männer] lieben die Form des Weibes so sehr, dass sie sich nicht beherrschen können; ihr Blut glüht in heißem Feuer, wenn sie nur eine Frau sehen oder hören oder in Gedanken und in der Erinnerung sich vorführen. Sehen sie eine Frau, dann sind ihre Augen wie Pfeile der Liebe. Haben solche Männer Verbindung mit Frauen, dann sind sie gesund und froh, müssen sie aber solchen Verkehr entbehren, dann vertrocknen sie in sich selbst.« Auch Frauen ohne Männer seien nicht besser dran: »Wenn sie ohne Männer sind, so dass sie keine Nachkommenschaft haben, dann werden sie leicht an ihrem Körper krank, haben sie aber Männer, dann sind sie gesund.«

Dies sind eigenartigerweise nicht unbedingt Empfehlungen für das keusche Klosterleben, womit nicht gesagt ist, dass es dort im 12. Jahrhundert immer keusch zugegangen ist. Neben solch umfassenden Kenntnissen war Hildegard eine keineswegs weltferne Unternehmerin, außerdem Dichterin und Komponistin. Spezialisierung war für sie kein Thema.

Bei Nikolaus von Kues (1401–1464) kann man nicht sagen, was er in erster Linie war, Theologe oder Philosoph. In seinem Werk »De docta ignorantia« (über die belehrte Unwissenheit, 1440) oder »Von der Wissenschaft des Nichtwissens« bedient sich Nikolaus nicht nur theologischer und philosophischer, sondern auch mathematischer und astronomischer Argumente. Mit seinem Denken, auch wenn es zunächst nicht sehr einflussreich war und erst 24 Jahre nach seinem Tod gedruckt wurde, gilt er als einer der Wegbereiter der Renaissance.

Zwar förderte die Renaissance eine Spezialisierung der Wissenschaften, doch sie ruhten zunächst noch alle auf dem fruchtbaren Boden der Philosophie. Ausgangspunkt und Grundlage war nach wie vor ein philosophisch und theologisch geschultes Denken. So wurde etwa Paracelsus (1493–1541), ein Zeitgenosse Luthers, als Arzt berühmt, doch fußt seine Medizin auf einer umfassenden Beschäftigung mit Philosophie. Man könnte es auch so ausdrücken: Für Paracelsus ist Medizin immer noch ein Gebiet der Philosophie. »So eine Krankheit im Leib ist, so müssen alle gesunden Glieder sie wider fechten: Nicht eins allein, sondern alle. (…) Also, so wird auch dein Arznei sein müssen, dass sie in ihr hab das ganz Firmament, der obern und der unteren Sphären. Darumb so bedenket, mit was Gewalt die Natur sich wider den Tod sträubt, dass sie zu Hilf nimmt Himmel und Erden und all ihr Kräft und Tugend.« Erst in unserer Zeit fangen gelegentlich Ärzte wieder an, solche Gedanken für wesentlich in ihrer Medizin zu halten. Daneben befasste sich Paracelsus mit Theologie, Physik, Chemie, Mathematik und vielem mehr.

Auch die großen Naturwissenschaftler des 16. bis 18. Jahrhunderts agierten vom Boden der Philosophie aus und betrachteten ihre Erkenntnisse mit den Augen des Philosophen und meist auch des Theologen. Dies gilt beispielsweise für Johannes Kepler. Er versuchte in seinem Werk »Kosmische Harmonie« (harmonices mundi, 1619) mit Hilfe der Mathematik einen Zugang zum Verständnis der Theologie zu bereiten. »Denn manches, was den Uneingeweihten an den göttlichen Dingen zu schwierig und zu hoch zu begreifen scheint, kann durch mathematische Schlüsse und Überlegungen als sichere und handgreifliche Wahrheit nachgewiesen werden.« Keplers Grundbegriff für das Verständnis der Planetenlaufbahn, der Musik, der menschlichen Gesellschaft, ja des Guten und Schönen überhaupt ist die Harmonie. Mit Musik kann die göttliche Schöpfung nachgeahmt werden, weil sie uns nicht nur den Wohlklang räumlicher, sondern auch klanglicher Harmonie erfahren lässt. In den Sternen suchte Kepler die »erzeugende Uridee des Weltgebäudes« und regte die Komponisten an, diese harmonische Idee in den Tonsätzen hörbar zu machen. (Paul Hindemith hat es versucht.)

Dem Kepler'schen Grundanliegen ging über dreihundertfünfzig Jahre später auch der Funk- und Fernsehjournalist Joachim-Ernst Berendt (1922–2000) in zahlreichen Sendungen und Publikationen nach. In seinem Buch »Ich höre – also bin ich« (1989) schrieb er über die scheinbar unhörbaren Klänge, die von der Sternenwelt ausgehen: »Was drücken all diese Klänge – die hörbaren und die unhörbaren – aus? Könnte es sein, dass sie – ein Lobgesang sind? Dass es am Urgrund der Schöpfung einen gemeinsamen Lobgesang alles Geschaffenen gibt?« Wie auch immer man zu solchen Äußerungen stehen mag, man sollte sie auf jeden Fall offen zur Kenntnis nehmen und nicht von vornherein ablehnen, wie es oft mit allem geschieht, was man so nicht in der Schule oder auf der Universität gelernt hat. Berendts Äußerungen sind ein Beleg dafür, wie sehr in heutiger Zeit manche wieder nach dem verlorenen geistigen Fundament allen Denkens und Forschens suchen, ohne danach zu fragen, wie man solche Erkenntnisse nutzen kann. Die Einsicht in kosmische Zusammenhänge, und sei sie auch nur eine vage Ahnung, genügt sich selbst.

Die Naturwissenschaft wird exkommuniziert

Galilei und das kopernikanische Weltbild

Galileo Galilei schrieb einmal: »Vernünftiges Denken ist wie ein Wettrennen und nicht wie Lastenschleppen und ein einziges Berberross kann hundert Ackergäule hinter sich lassen.« Doch wie die trägen Ackergäule mit dem flotten Berberross umgehen, das ist eine andere Frage. Galilei konnte ein Lied davon singen. Doch er kümmerte sich darum zunächst nicht. Dava Sobel schreibt in dem Buch »Galileis Tochter«, aus dem auch die Zitate aus Galileis Briefen stammen, der Forscher habe seine Erkenntnisse und Ideen auf extravagante Art, manchmal mit derbem Humor, manchmal lauthals, bei gesellschaftlichen Anlässen und öffentlichen Debatten vorgetragen. Rücksicht auf die hohe Geistlichkeit nahm er zunächst nicht.

Viele haben Angst, einen hohlen Kopf zu bekommen, wenn ihnen eine alte Wahrheit genommen wird. Das war schon immer so. Der Philosoph und Mathematiker Aristarch von Samos (ca. 310–230 v.Chr.) hatte angenommen, nicht die Erde sei der Weltmittelpunkt, sondern die Sonne, um die sich alles drehe, nur so ließen sich die Planetenbewegungen erklären. Doch mit dieser Ansicht lief er damals Gefahr, wegen Unglaubens angeklagt zu werden, schließlich hatte der Altmeister Aristoteles und mit ihm die im wahrsten Sinne des Wortes herrschende Lehre ein für alle Mal festgelegt, nur die Erde könne der Mittelpunkt der Welt sein. Andere Meinungen mussten daher falsch sein. Man sähe doch, wie die Sonne auf- und untergehe. Das reicht zum Beweis. Hinfort musste sich die Wissenschaft mit der Meinung des Aristarch nicht mehr befassen, man durfte sie vergessen.

Eine Wahrheit ist ein Nichts, wenn sie nicht als Wahrheit erkannt wird. »Wahrheit ist, was uns verbindet«, hat Karl Jaspers einmal geschrieben. Doch gilt dann auch der Umkehrschluss, was uns trennt, kann nicht die Wahrheit sein? Stimmt das auch? Dass von zwei sich widersprechenden Aussagen nur eine wahr sein kann, sagt uns die Logik. Solange niemand widerspricht, kann auch die Unwahrheit verbinden und die Funktion der Wahrheit annehmen. Doch wehe, es kommt einer daher und zerstört die verbindende Funktion der alten Wahrheit. Das ist dann der Fall, wenn man sagen kann: Eine Wahrheit verbindet, zwei Wahrheiten führen zum Streit. Das bisher für wahr Gehaltene frisst sich in den Köpfen fest und macht sich dort breit. Es dort herauszuoperieren, ist schmerzhaft. Daher ist Umdenken immer noch die unbeliebteste Art zu denken. Das Alte wird verteidigt, das Neue muss seinen Platz erkämpfen, um zu wirken, daran hat sich seit Menschengedenken nichts geändert.

Der Streit um das geozentrische oder ptolemäische Weltbild einerseits (die Erde ist Mittelpunkt) oder das heliozentrische, kopernikanische Weltbild (die Sonne ist Mittelpunkt des Planetensystems) andererseits wiederholte sich im 16. Jahrhundert. Als der Arzt, Mathematiker, Domherr und Administrator Nikolaus Kopernikus (1473–1543) seine Theorie vom heliozentrischen Weltbild zunächst nur im Freundeskreis verbreitete und erst später, kurz vor seinem Tod, 1543 als Buch veröffentlichte, sprach man noch nicht von

Gottlosigkeit und Häresie. Man brauchte nicht gegen ihn persönlich zu kämpfen, er war ja schon tot. Die normale Reaktion (auch heute) ist in solchen Fällen einfacher: Man hält den Verkünder des Neuen, des Ungewohnten für einen Spinner.

Selbst Luther meinte in einer seiner »Tischreden« über Kopernikus, ohne ihn beim Namen zu nennen: »Es ward gedacht eines neuen Astrologi, der wollte beweisen, dass die Erde bewegt würde und umgehe, nicht der Himmel oder das Firmament, Sonne und Mond. (...) Der Narr will die ganze Kunst Astronomiae umkehren.«

Die Astronomie umkehren, um die so genannte »Kopernikanische Wende« herbeizuführen, in der Tat, genau das wollte Kopernikus. Ein solches Umdenken, das die normale Empfindung des Beobachters gewissermaßen auf den Kopf stellt, fällt den Menschen unheimlich schwer. Daran hat sich nichts geändert, es ginge uns heute genauso mit einer entsprechenden Neuorientierung unserer Überzeugungen. Wenn man sie von vornherein ablehnt und für Schwachsinn erklärt, entzieht man sich der unbequemen Aufgabe, das Neue zu lesen, zu prüfen, und schließlich zu versuchen, mit ihm zu denken oder es zu widerlegen. Wahrheit muss nicht nur erkannt, sie muss auch in die Welt gesetzt und erkämpft werden, sonst vergeht sie ohne Wirkung. Vielleicht wirkt sie später auf einen anderen Entdecker, der mehr Glück hat. Doch Kopernikus hatte durch seine Schrift vorgesorgt. Die wenigen, die sie lasen und verstanden, waren beeindruckt und verbreiteten sie. Einer vor allem.

Am 4. August 1597 drückte Galileo Galilei in einem Brief an Johannes Kepler sein Bedauern aus über das Schicksal »unseres Lehrers Kopernikus, der zwar bei einigen unsterblichen Ruhm errang, von unendlich vielen aber (denn so groß ist die Zahl der Narren) verlacht und ausgepfiffen wurde.« Galilei war damals Professor an der Universität Padua, hatte jedoch das Kopernikanische Weltbild nicht auf dem Lehrplan, er durfte das, was er wusste, nicht in die Öffentlichkeit bringen, denn noch wurde diese These unter den Eingeweihten als Geheimnis gehandelt. Es erschien den »unendlich vielen Narren« damals noch als absurd, als eine nicht nur nutzlose, sondern auch gefährliche und damit verbotene Gedankenspielerei, denn auch in der Bibel klingt immer wieder an, dass sich die Sonne um die Erde drehen muss. Als die Israeliten unter ihrem Anführer Josua Krieg gegen die Amoriter führten, half ihnen zum Schlachterfolg, dass Gott, auf Josuas Gebet hin, die Sonne hatte stehen lassen, um den Tag zu verlängern (Josua 10,12). Diese Geschichte genügte den Fundamentalisten als Beweis dafür, dass sich die Sonne dreht und nicht die Erde, wozu da noch mit dem Fernrohr, das Galilei konstruiert hatte, in den Himmel blicken?

Galilei ist zwar als Astronom in die Geschichte eingegangen, doch er war Professor für Mathematik in Padua und Pisa, wo er allerdings später meist durch Abwesenheit glänzte. Sein wichtigstes Amt war ab 1610 das des großherzoglichen Hofphilosophen unter Cosimo II. der Toskana, seines ehemaligen Schülers. Seine Schwierigkeiten mit der römischen Kurie bekam Galilei nicht, weil er areligiös gewesen wäre, sondern weil seine Forschungsergebnisse nicht dem von der Kirche ein für allemal vorgegebenen ptolemäischen Weltbild mit der Erde als Weltmittelpunkt entsprachen. Damals musste alles mit der wörtlich verstandenen Bibel übereinstimmen. Was Galilei dem entgegensetzte, könnte selbst heute noch einigen Fundamentalisten ins Stammbuch geschrieben werden. Er verwies die Theologie in ihre Grenzen, um gleichzeitig die Naturwissenschaft aus ihren Fesseln zu befreien. Am 21. Dezember 1613 fand Galilei in einem Brief an Benedetto Castelli die entscheidenden Worte: »Ich glaube, dass die Absicht der Heiligen Schrift einzig darin besteht, die Menschen von den Wahrheiten und Aussagen zu überzeugen, die notwendig für ihr Seelenheil sind, aber alle menschliche Vernunft übersteigen und durch keine andere Wissenschaft glaubhaft gemacht werden können.« Damit sagte er gewissermaßen zu den Theologen: »Schuster bleib bei deinem Leisten, kümmere dich um das Seelenheil der Menschen, nicht jedoch um solche Sachen, von denen wir Naturforscher mehr verstehen als ihr.« Galilei geht noch weiter, er wagt es, an dem Inhalt der Bibel Kritik zu üben. Die »Evangelisten«, damit meinte er die Menschen, die die Texte der Bibel niedergeschrieben hatten, hätten nicht die Absicht gehabt, das Volk über die Konstellationen und Bewegungen der Himmelskörper zu belehren, sonst »hätten sie das Thema nicht so kärglich behandelt«. Wenn die Kirche den Erkenntnissen der Forscher widerspreche, dann gebe sie sich der Lächerlichkeit preis, wie es dann ja auch geschehen ist. Galilei meinte, auch ein Fürst müsse den Arzt heilen lassen und den Architekten mit einem Bau beauftragen, er könne doch als Herrscher auf diesen Gebieten nicht auch noch seine Macht bis ins Einzelne ausspielen.

Galilei saß der Kirche gegenüber schließlich doch am kürzeren Hebel. Zudem hatte er mit einem großen Problem zu kämpfen: Er konnte die These von der Erdbewegung, obwohl sie für ihn eine klare und selbstverständliche Sache war, nicht eindeutig beweisen, denn es fehlte ihm noch die Lösung der Frage, woran man die Erdrotation erkennen könne. Seine Theorie, man bemerke sie an Ebbe und Flut, überzeugte nicht, sie war auch nicht haltbar. Er schrieb einmal, wer auf einer Kuppel stehe, könne die Landschaft ringsum an sich vorbeiziehen lassen. Dazu müsse man sich nur im Kreis drehen, doch sei es absurd, dann zu behaupten, die ganze Landschaft drehe sich. So sei es auch mit der Erde, sie könne sich leichter drehen als der ganze gewaltige Sternenhimmel. Auch den Antrieb der Erde konnte Galilei noch nicht nachweisen, diese Leistung erbrachte erst sein »Nachfolger«, der 1643, ein Jahr nach Galileis Tod geborene Isaac Newton. Dieser konnte der Lösung des Rätsels durch seine Gravitationstheorie näher kommen.

Die weitere Geschichte sei hier nur kurz erwähnt. Galilei wurde zwar immer wieder ermahnt, sich von der als häretisch angesehenen Lehre des Kopernikus zu distanzieren, was er jedoch nach seiner Überzeugung nicht konnte. Er war lediglich bereit, sie gegenüber dem ptolemäischen Weltbild mit der Erde als Weltmittelpunkt zu relativieren und als mögliche Hypothese hinzustellen. Galilei hatte einflussreiche Freunde und Bewunderer, die ihn vor der Inquisition schützten, der sein Kollege, der »freischaffende« Philosoph, Mathematiker und unstetige Wanderer durch Europa, Giordano Bruno, im Jahr 1600 auf dem Scheiterhaufen zum Opfer gefallen war. Als 1623 Papst Urban VIII. an die Macht kam, hatte Galilei in ihm zunächst einen Freund und Gönner. Doch Urban war eine schwache Persönlichkeit. Aufgrund einer Intrige fiel Galilei bei Urban in Ungnade. 1633 wird Galilei in Rom als Gefangener vor das Heilige Offizium zitiert und nach einem monatelangen Prozess dazu verurteilt, seine Lehre zu widerrufen. Der 69jährige Galilei, der seit mehreren Jahren immer kränklich war, hatte nicht im Sinn, für die Wahrheit zu sterben, er widerrief seine Lehre, um seine Freiheit wiederzugewinnen. Sein jüngstes Buch, der umfangreiche Dialog über die beiden Weltsysteme, dessen erste Auflage schon verkauft war, kam auf den Index der verbotenen Schriften, wo er für knapp 200 Jahre verblieb. Dass er nach seinem Widerruf erregt ausgerufen habe: »Und sie bewegt sich doch!«, ist weder historisch verbrieft noch wahrscheinlich. Er wird sich gedacht haben: Lasst mich erst mal frei und nach Florenz zurückkehren, das Weitere wird sich finden.

Galilei konnte auf päpstlichen Druck seine These von der Bewegung der Erde widerrufen, weil er sich seiner Sache sicher war und es schließlich nicht sein Problem war, wenn sich der Papst und die Kardinäle seiner Zeit vor der Zukunft lächerlich machten. Er musste ja nicht einem Glauben abschwören, denn er wusste, die objektive Wahrheit hat bessere Waffen und eine größere Geduld als ein päpstliches Gericht. Wahrheit lässt sich zeitweise unterdrücken, doch aus der Welt schaffen lässt sie sich dadurch nicht.

Galilei hatte der hohen Geistlichkeit gezeigt, wie sie die Verbindung mit der Naturwissenschaft hätte aufrechterhalten können. Dies lässt sich mit heutigen Worten so ausdrücken: Man kann den göttlichen Geist nicht nur aus der Bibel, sondern auch aus seiner in der Natur sichtbaren Schöpfung erkennen. Soweit die Bibel über die Natur berichtet, gibt sie den Stand der damaligen Erkenntnis wieder. Den Menschen bleibt es überlassen, ihr Wissen über die Schöpfung mit Hilfe ihrer Beobachtungen und ihres Verstandes jeweils auf den neuesten Stand zu bringen. Zu der Erkenntnis Gottes haben also beide Seiten, Theologie und Naturwissenschaft, ihren Anteil beizusteuern. Was sie verbinden kann, müsste und könnte die Philosophie eines Tages wieder leisten. Doch mit dem damaligen Verhalten gegenüber Galilei wurde versucht, dieses auf Gemeinsamkeit angelegte philosophische Denksystem zu zerstören. Die Naturwissenschaft wurde gewissermaßen exkommuniziert. Galilei selbst übrigens nicht.

Gibt es einen philosophischen Weg zur Atombombe?

Das Weltbild der Naturwissenschaft hat sich gewandelt

Gestern früh auf einer Radfahrt in den Oberwald geschah Folgendes: Nicht weit von unserem Haus entdeckte ich vom Fahrrad aus auf der Straße eine Zwei-Euro-Münze. Ich stieg ab und nahm sie mit. Wem verdankte ich mein »Glück«? Ein Ereignis muss Ursachen haben, nimmt man an. Gut, es hatte Ursachen. Irgendjemand musste, vielleicht bei Dunkelheit, am Abend zuvor in seiner Tasche gekramt haben, wobei ihm die Münze herausgefallen war. Es kann auch sein, dass ein Kind, das beim Einkaufen war, einen Teil des Wechselgeldes auf der Straße verloren hat. Tausend andere Ursachen sind ebenfalls möglich. Warum ich die Münze gefunden habe, könnte daran liegen, dass andere Fußgänger oder Radfahrer die Augen nicht auf die Straße gerichtet hatten. Wenn ich zu Hause geblieben wäre oder später gestartet wäre, hätte jemand anderes das Geld eingesteckt. Solche Überlegungen könnte man bis ins Unendliche fortsetzen. Das führt zu nichts. Ein Ereignis hängt nicht etwa an einer Kette von Ursachen, sondern allenfalls an einem unentwirrbaren Netz von Ereignissen und Zuständen, die bis in die graue Vorzeit reichen. Wir können es nicht rekonstruieren. Fast alle dieser Teilursachen müssen uns zufällig erscheinen. Eigenartig ist immerhin dieses: Angenommen, die ganze Weltgeschichte und alles, was dazugehört, hätten von Anfang an darauf hingezielt, dass ich an einem Dienstag Morgen gegen halb neun Uhr eine Münze finde, dann könnte dies, so absurd dies allen (außer Leibniz) scheinen mag, keiner widerlegen, denn tatsächlich ist das Ereignis ja eingetreten, es kannte nur niemand im Voraus.

Was wir sinnvoll nur erforschen können, besteht darin, einzelne Voraussetzungen, Ursachen oder Bedingungen zu suchen, ohne die ein Ereignis nicht eingetreten wäre. Voraussetzung meines Fundes war zum Beispiel, dass es gestern früh nicht geregnet hat, weil ich sonst zu Hause geblieben wäre. Ich kann jedoch nicht sagen: Wenn es morgens nicht regnet, finde ich eine Zwei-Euro-Münze, das wäre absurd. Eine der Hauptvoraussetzungen jedes Ereignisses ist, dass ein Weg zu ihm führt. Der Weg ist keine Ursache, denn es kommt immer darauf an, wer ihn begeht und zu welchem Ziel er gelangt. Der Weg erscheint uns passiv, die Ursache aktiv.

Solche alltäglichen Überlegungen, die jedes Kind anstellen kann, verlieren ihre Harmlosigkeit, wenn sie auf Philosophie und Politik übertragen werden, wobei die Denkmethode im Grunde die gleiche ist. Wir wollen ein Beispiel betrachten. Carl-Friedrich von Weizsäcker hat 1992 einmal geäußert: »Von Galilei führt ein direkter Weg zur Atombombe.« Dies kann dreierlei zugleich bedeuten:

Galilei war ein »Wegbereiter« für eine Physik, die zur Atombombe geführt hat. Doch was heißt in diesem Zusammenhang eigentlich »Wegbereiter«? Der Weg ist keine Ursache.

Ohne Galileis Erkenntnisse und ihren Einfluss auf die Physik wären die Menschen nicht oder eventuell erst später in der Lage gewesen, eine Atombombe zu bauen. – Auch diese Spekulation ist höchst fragwürdig, denn geistige Phänomene liegen gewissermaßen in der Luft, sie sind keine Privatangelegenheit. (Darauf kommen wir noch zurück.)

Zugleich kann damit gemeint sein: Galilei hat eine Ursachenkette in Gang gesetzt, die zu diesem Ergebnis führen konnte.

Hat diese Aussage Weizsäckers: »Es führt ein direkter Weg...« eigentlich irgendetwas zu bedeuten, wenn man weiß, dass zwischen »Ursache« oder »Wegbereitung« und »Wirkung« rund dreihundert Jahre wechselvoller Geschichte über die Welt hinweggegangen sind? Philosophische Erkenntnisse, wozu auch die Hypothesen des »Narren« Kopernikus und die wissenschaftlichen Arbeiten Galileis gehören, *wirken* auf die Welt, doch es ist fast nicht möglich, sie im Einzelfall als Ursache einer geschichtlichen Situation anzusehen.

Ed Dellian bezeichnet in seinem Aufsatz »Newton, die Wahrheit und die Rede von Gott« diese Behauptung Weizsäckers als »gedankenlos und falsch«, denn eine Physik, die, wie noch bei Newton und Galilei, bei ihren philosophischen, metaphysischen, vor allem auch religiösen Wurzeln geblieben wäre, hätte sich mit der Herstellung von Massenvernichtungswaffen nie befasst.

Ich glaube nicht, dass dieses Urteil über Weizsäckers Meinung gerechtfertigt ist. Der Weg, der in der Zeit der Renaissance zunächst von physikalisch und mathematisch orientierten Philosophen geebnet worden ist, war nur ein Beginn. Die Nachfolger Galileis und Newtons haben den begonnenen Straßenbau jeweils auf ihre Weise fortgesetzt und dabei im Lauf der nächsten dreihundert Jahre die ursprüngliche geistige Orientierung teilweise verloren. Andere einst bereitete Wege sind längst wieder überwuchert, sodass sie keiner mehr finden kann. Man kann nicht bestreiten, dass das von der Physik angelegte wissenschaftliche Straßennetz unter anderem dazu gedient hat, die technischen Voraussetzungen nicht nur für die Weltraumfahrt, sondern auch beispielsweise für die Atombombe zu entwickeln. Mehr ist es nicht. Die Entscheidung, die Atombombe zu bauen, war politisch und nicht physikalisch. Das Kommando zu ihrem Einsatz war nur unter größter Menschenverachtung möglich, die man keinem wahren Freund der Weisheit unterstellen kann.

Allerdings sind gegen diese Argumentation zwei Einwände denkbar. Der erste: Leonardo da Vinci, der hundert Jahre vor Galilei lebte, war nicht nur Maler, sondern auch Baumeister, Bildhauer und Naturforscher, somit auch »Philosoph« im weitesten Sinne. Leonardo malte nicht nur Bilder wie die Mona Lisa und das Mailänder Abendmahl, er war auch Konstrukteur. Seine technischen Geräte, die teilweise aufgrund seiner erhaltenen Skizzen erst in unserer Zeit gebaut wurden, umfassen unter anderem auch Maschinen für den Kriegsgebrauch. Offensichtlich war es schon damals nicht ausgeschlossen, religiöse Bilder und Waffen zugleich anzufertigen.

Der andere Einwand: Albert Einstein war zeitlebens überzeugter Pazifist und Menschenfreund. Ausgerechnet er hatte der amerikanischen Regierung den Rat gegeben, eine Atombombe zu bauen, weil er befürchtete, die Deutschen kämen den Amerikanern zuvor und könnten so den Krieg für sich entscheiden. Wie sich später herausstellte, war diese Furcht objektiv unbegründet, denn die Deutschen hatten trotz ihrer Bemühungen bis Kriegsende noch keine derartige Waffe zustandegebracht. Doch man kann daraufhin nicht sagen: Einstein hat den Abwurf der ersten Atombomben auf Hiroshima und Nagasaki verursacht. Immerhin stand er der Ursachenkette um einiges näher als Galilei. Keinem Menschen gelingt es, konsequent der zu sein, der er sein möchte. Bei näherer Betrachtung haben selbst die Heiligen Flecken auf der Weste.

Ed Dellian nannte zu Recht die schon nach Newton einsetzende Entwicklung der physikalischen Forschung, die auf eine zunehmende Lösung der metaphysischen Bindungen und ihre Herauslösung aus der Philosophie hintendierte, als »verhängnisvollen Wahrheits- und Transzendenzverzicht«, der zu einer »Selbstverstümmlung« der Philosophie geführt habe. Der Mutter Philosophie kann man hier keinen Vorwurf machen. Zunächst lag es nicht an ihr, es hatte andere Gründe. Die naturwissenschaftliche Forschung hatte auf allen Gebieten ein so kompliziertes Fachwissen hervorgebracht, dass ein Philosoph spätestens nach Leibniz (1646–1716), dem man nachsagt, er hätte noch alle Wissensgebiete beherrscht, nicht mehr in der Lage war, auch nur den Überblick über das naturwissenschaftliche Gesamtwissen zu gewinnen. Die wissenschaftlichen Söhne der Philosophie strebten auseinander und gründeten eigene Familien, die sich weiter verzweigten. Die verwandtschaftlichen Beziehungen untereinander wurden nicht mehr gepflegt.

Es hätte nun in erster Linie an den Naturwissenschaftlern selbst gelegen, sich um ihre geistige Herkunft zu kümmern und sich um den Anschluss an die Philosophie zu bemühen. Für Isaac Newton (1643–1727) war dies noch selbstverständlich. Die wahre erste Ursache war für ihn von aller Materie völlig unabhängig. Sie ist bei ihm nicht mechanisch, sondern spirituell, letztlich der Wille Gottes. Immerhin Philosophen wie beispielsweise Hume (1711–1776), Descartes (1596–1650), Leibniz und Pascal (1623–1662) bemühten sich noch um Brücken von Religion und Philosophie zur Naturwissenschaft, doch wurden sie nur gelegentlich noch, später immer weniger begangen.

Naturforscher hatten ganz andere Sorgen. Schließlich mussten sie ihre Nützlichkeit beweisen. Physik brachte die moderne Technik von der Dampfmaschine bis zur Raumfähre zustande, die Medizin wurde an ihren Heilerfolgen gemessen, die Biologen kümmerten sich um Fortschritte in der Landwirtschaft und vieles mehr. Das alles funktionierte ohne philosophischen oder gar metaphysischen Bezug.

Nachdem dann noch Mathematik, Logik, Soziologie, Politikwissenschaft, Psychologie, teilweise sogar die Ethik und manch andere Lehre aus dem Haus waren, blieb der Mutter Philosophie fast nur noch die Aufgabe, sich mit sich selbst und ihrer ruhmreichen Geschichte zu beschäftigen. Dass dabei nun auch noch ihr ehemaliger Bezug zum Jenseits auf der Strecke geblieben ist, wird Dellian dazu veranlasst haben, von »Selbstverstümmelung« zu reden, dabei waren es vielleicht nur ein face lifting und verschiedene Wellnesskuren. Die alte Dame hatte doch nur versucht, sich ihren materialistischen Nachkommen ein wenig anzupassen, um auch als modern zu gelten.

Die Initiative zur Rückbesinnung auf die philosophischen Familienbande ging eigenartigerweise nicht von der Philosophie, sondern von einer entfernten Nachfahrin aus: von der Kernphysik. Diese Entwicklung setzte erst im 20. Jahrhundert ein, als die Kernphysik an Grenzen des Erkennbaren vorstieß. Werner Heisenberg machte dies in seinem Werk »Physik und Philosophie« (1959) bewusst. »In den Experimenten über Atomvorgänge haben wir mit Dingen und Tatsachen zu tun, mit Erscheinungen, die ebenso wirklich sind wie irgendwelche Erscheinungen im täglichen Leben. Aber die Atome oder Elementarteilchen sind nicht ebenso wirklich. Sie bilden eher eine Welt von Tendenzen oder Möglichkeiten als eine von Dingen und Tatsachen.« Die Grenze zwischen Geist und Materie löst sich auf.

Während in der Kernphysik einige ihrer prominenten Vertreter als Vorreiter einer Entwicklung auftreten konnten, die die Rückbesinnung der Naturwissenschaft auf philosophische Fragen in Aussicht stellte, schritt die Entwicklung im 20. Jahrhundert in anderen Gebieten munter auf dem nach (nicht mit) Galilei und Newton begonnenen Weg fort. Heisenberg konnte 1959 schon wieder sagen, »dass auf Grund der Erfahrungen der modernen Physik unsere Haltung gegenüber solchen allgemeinen Begriffen wie Geist, menschliche Seele, Leben, Gott verschieden sein muss von jener des 19. Jahrhunderts, da diese Begriffe eben zur natürlichen Sprache gehören und deshalb mit der Wirklichkeit verbunden sind.« Doch hier spricht Heisenberg als Vorreiter einer Entwicklung, die andere Gebiete der Naturwissenschaft noch nicht erfasst hat. Dort herrscht in dieser Beziehung noch immer der Materialismus des 19. Jahrhunderts. So werden z. B. in der Biologie Bezüge auf Gott, Seele und Schöpfung als unwissenschaftlich angeprangert und gelten bei arrivierten Wortführern zur Zeit noch als anstößig. Eine Gegenentwicklung hat allerdings eingesetzt, doch werden wie üblich angestammte Denkgewohnheiten verteidigt.

Die Trennung der Naturwissenschaft von der Philosophie hatte also im Wesentlichen zwei Gründe:

1. Der menschliche Kopf hat seine Grenzen. Der anwachsende Wissensstoff machte eine Arbeitsteilung mit immer weiter fortschreitender Spezialisierung erforderlich.
2. Die losgelösten Teilbereiche der früheren »Gesamtphilosophie« erwiesen sich als praktisch verwendbar. Ihre Erfolge wurden vorzeigbar, sie mussten objektivierbare Ergebnisse, möglichst auch Nutzen bringen. Und wo nach Nutzen gefragt wird, geht es auch um Kosten und nicht um die geistige Herkunft der Erkenntnis. Aus diesem Gebiet zieht sich die Philosophie zurück und räumt das Feld für den Materialismus, dem sie sich unnötiger Weise auch noch anpasst.

Für die Wirkung auf die Welt öffnete die aus der Philosophie hervorgehende Forschung eine Unzahl von Wegen, ein immer verwirrender werdendes Wegenetz. Es mag sein, dass einer von ihnen von Galilei zur Atombombe führte, doch um ihn zu begehen, musste an jeder Weggabelung eine Entscheidung getroffen werden, die sich längst nicht mehr an der geistigen Haltung des Wegbereiters orientieren konnte. Nach so lange zurückliegenden Ursachen zu fragen, liegt außerhalb des sinnvollen Denkens.

Und die gefundene Zwei-Euro-Münze, was wird aus der? Ich kann sie meinem Geldbeutel einverleiben und nicht weiter beachten, ich kann sie einem Straßenmusikanten in den Hut werfen, ich kann sie für einen guten Zweck spenden, als Anzahlung für ein Glas Bier ausgeben oder in einem Ramschkasten vor einer Buchhandlung billig ein Buch erstehen, das ich sonst vielleicht nicht gekauft hätte. Das ist alles meine Entscheidung, denn mit der unbekannten Person, die das Geld verloren hat, hat das längst nichts mehr zu tun. Jedes beliebige, noch so unbedeutende Ereignis öffnet Wege zu vielen weiteren Entscheidungen. Doch nicht das Ereignis entscheidet, sondern der Mensch. Er kann sich seiner Verantwortung nicht entziehen, er kann und muss den scheinbaren Zufällen Sinn verleihen. Wenn mich das wegen des Fundes zufällig gekaufte Buch geistig beeindruckt, vielleicht sogar mein Denken auf neue Bahnen lenkt, dann wirkt der Zufall auf die Welt, und sei es, dass ich allein die Welt als ihr kleinster Teil repräsentiere. Dann verliert der Zufall seine Zufälligkeit.

Die Strategie der Ameise oder der Weg zur Zuckerdose

Wie man ein Ziel findet, von dem man nicht weiß, ob es existiert

Geradeausdenker sind positive, nützliche Menschen, wenn auch unter ihnen unverhältnismäßig viele Langweiler zu finden sind. Sie kommen immer zur Sache und bleiben bei ihr, sie verfolgen ihr Ziel auf geraden Wegen und schütteln manchmal verständnislos den Kopf, wenn sie trotz ihrer geradlinigen Denkweise keine Lösung finden.

Als wir vor einiger Zeit wieder in unsere Wohnung im Schwarzwald kamen, hatte sich in der Zwischenzeit ungebetener Besuch in der Küche eingefunden. Dort stand auf einem Bord an der Wand ein Zuckerstreuer. In diesen war durch das oben offene kleine Rohr eine Herde winziger Ameisen eingedrungen, die nichts Wichtigeres zu tun hatten, als Körnchen für Körnchen Zucker herauszuholen und auf langen Wegen weiß der Teufel wohin zu transportieren. Da sämtliche anderen Lebensmittel entweder im Kühlschrank oder in fest verschlossenen Schraubgläsern untergebracht sind, war der Zuckerstreuer in der Tat das einzige zugängliche Gebilde, das etwas auch für Ameisen Interessantes enthielt. Doch ich frage mich, wie lösen diese scheinbar hirnlosen kleinen Krabbler das Problem, wo Zucker zu finden ist? Nirgendwo sonst waren sie in größerer Zahl zu entdecken als ausgerechnet dort oben im Zuckerstreuer. Das brachte mich auf die Idee: Ameisen sind wahre

Künstler im Danebendenken. (Biologen werden mir meine unwissenschaftliche Ausdrucksweise mit der milden Einsicht, ich sei eben auch ein Danebendenker, verzeihen. Doch hier geht es ja nicht um Biologie.)

Um den Herkunftsweg der Ameisen zu entdecken und möglichst zu blockieren, setzte ich mich geduldig auf den Boden und versuchte, etwas über ihre Strategie zu erkunden. Im Wald habe ich schon Ameisenheere in nahezu geschlossener Formation geradeaus marschieren sehen, das muss so eine Art Volkslauftag oder Völkerwanderung gewesen sein. Doch in unserer Küche konnte ich nichts dergleichen wahrnehmen. Im Gegenteil, die Tierchen liefen kreuz und quer auf dem Boden umher, bei Begegnungen allerdings tauschten sie kurze Informationen aus. Bei ihrem scheinbar chaotischen Erkundungsgekrabbel muss zumindest ein mutiges Exemplar, gewissermaßen eine Vorauskrabblerin, zunächst an der Wand und dann auf das Bord und von da aus auf die Zuckerdose hinaufgeklettert und dort fündig geworden sein. Diese Pionierleistung hat sich bei jeder Begegnung herumgesprochen und dann kamen nach und nach auch die andern und leisteten den Abtransport. Anders kann ich mir das nicht erklären. Vorläufige Quintessenz: Die Ameise, die am weitesten von der Ebene der Normalkrabbler abgewichen ist, hat das Ziel gefunden! Die anderen, die dumpf nur am Boden hin und her gewandert sind, waren erfolglos. Amerika wurde ja schließlich auch nicht von denen entdeckt, die zu Hause geblieben sind. Zu Hause hat man nur die Schätze eingesteckt, die in der Neuen Welt erbeutet wurden.

Die Welt neigt zur Heldenverehrung. Wer findet, wird gefeiert, wer vergeblich gesucht hat, wird vergessen. Ist das gerecht? Sieht man die Suche als gesellschaftliches System, dann haben die Erfolglosen, selbst wenn sie umgekommen sind, ihren Anteil am gemeinsam Erreichten, denn jeder Erfolg wächst aus einem erfolglosen Umfeld. Die verschwenderische Natur zeigt es uns; und doch bleibt das Phänomen des Einzelnen, der durch sein von der Norm abweichendes Verhalten sein Ziel erreicht. Wo Irrtum die Norm ist, muss der Einzelne einen Irrtum weniger begehen, wenn er am Ziel ankommen will.

Man kann es wohl nicht beweisen, doch sieht es so aus, als ob die Pioniere auf allen Gebieten vom unbekannten Ziel inspiriert werden, dass sich also eine Art Kommunikation zwischen Forscher und dem Gesuchten, noch nicht Gefundenen, einstellt, eine Kommunikation, vielleicht sogar eine Art Spannungsverhältnis, das jenseits objektivierbarer Verbindungen liegt. Gregory Bateson spricht in seinem Buch »Geist und Natur« bei solchen Phänomenen von der »Energetik des geistigen Prozesses«. Er meint damit zwar in diesem Zusammenhang die Menschen, doch ich denke, man könne diesen »Sinn« erst recht auch bei Tieren annehmen. Sie würden insoweit jenseits einer individuellen Sinneswahrnehmung in Richtung auf ein Ziel geführt. Da diese tierische »Inspiration« oder »Kommandobefolgung« derzeit noch nicht auf den Wegen herkömmlicher Biologie nachweisbar ist, werden Materialisten mit dieser Annahme derzeit noch etwas Schwierigkeiten haben.

Die Ameisen suchten die Richtung auf etwas Essbares, darin sehen sie die Lösung ihres Problems. Dieses Ziel wurde nicht im Rahmen einer planbaren Strategie gefunden, sondern auf materiellen und/oder geistigen Neben- und Abwegen. Zufall kann man das nicht nennen. Wenn das Ziel dann gefunden ist, können ja die anderen, die Geradeausmarschierer, aufgrund der ihnen erteilten Informationen nachkommen und das Entdeckte einheimsen. So machen es uns die Ameisen vor, die menschlichen Goldgräber aller Zeiten folgen den Pionieren. Das Aztekengold wurde nicht von Kolumbus selbst geraubt.

Programme müssen auf dem direkten Weg abgewickelt werden. Diesen Weg müssen wir lernen. In Schule, Studium, Ausbildung und im Beruf sollen wir ja schließlich zu nützlichen Menschen erzogen werden. Wo kämen wir hin, wenn jeder von uns kreuz und quer denken würde, wo es darum geht, das zu tun, was längst keiner Diskussion mehr bedarf. Künstler und Philosophen im weitesten Sinne, unabhängig vom Beruf, müssen anders denken. Das, was sie suchen, liegt nie auf dem geraden Weg. Sie sind lästige Menschen, weil sie andauernd versuchen, von Dingen zu reden, die andere, die gewohnt sind, den Blick geradeaus zu richten, nicht wahrnehmen.

Besonders schlimm dran sind die Voraus- oder die Danebendenker auf dem Gebiet der Politik. Sollte sich ein solcher Mensch als Politiker betätigen und hat er zufällig eine geniale Idee, wie er sein Volk und den Rest der Welt retten könnte, muss er sich ständig mit den Nützlingen anlegen, die sich nicht auf ihn einlassen wollen. Das große Dilemma besteht in Folgendem: Wer mit seiner Idee provoziert, nicht ankommt, nicht beachtet wird oder einfach nur ausgelacht wird, darf sich nicht gleich als Märtyrer und Kämpfer für eine große Wahrheit fühlen. Viel wahrscheinlicher ist es, dass er nur das Opfer seines verbohrten Eigensinns ist. Oft erkennt man irrende »Neuerer« daran, dass sie sich mit dem Bewährten nicht auseinandersetzen und ihr »Neues« nicht wirklich neu ist. Leider gibt es kein sicheres Rezept, mit dem man den Entdecker des weitertragenden Neuen sofort vom verirrten Sucher unterscheiden kann.

Geradeausdenker haben es da viel leichter. Sie müssen nur einmal leicht in die Luft schnuppern und schon wissen sie, woher der Wind weht, in dem sie segeln müssen. Sie kennen die Probleme und Programme und können intelligent darüber reden und abstimmen. Auf diese Weise kommt eine einheitlich mischfarbene Politik zustande, die nicht durch irgendwelche Geistesblitze verunstaltet ist. Die politische Zuckerdose wird zwar nicht gefunden, dafür werden Wege beschrieben und beschlossen, wie man mit Zucker umgehen würde, wenn man ihn schon hätte.

Vorausdenker, die es ja schließlich auch gelegentlich in der Politik gibt, haben drei alternative Möglichkeiten.
1. Sie reden über ihr Denken und bereiten damit anderen Denkschmerzen. Da sie sich damit unbeliebt machen, bleiben sie meist wirkungslos.
2. Weil sie wissen, dass man sie nicht versteht, schweigen sie und vertrauen ihrem Tagebuch an, was sie eigentlich gerne gesagt hätten.
3. Man hört ihnen interessiert zu, sie überzeugen alle, bringen ihr Gremium auf neue Bahnen und tragen wesentlich zur Lösung eines Problems bei. Der dritte Weg, der Königsweg, ist möglich, bleibt die Ausnahme, es ist der Weg der ersten Ameise im Zuckerstreuer.

Wie sieht das in der Praxis aus? Man stelle sich vor, in einer sozialpolitischen Debatte finge einer an, die Fabel von der Stadtmaus und der Feldmaus zu erzählen oder etwas über Batesons Energetik des geistigen Prozesses zu erklären. Solche Beiträge haben in ernsthaften Verhandlungen keinen Platz, denn sie würden die Geradeausdenker von ihrem planbaren Weg abbringen und zutiefst verunsichern. Die Abweichung vom Thema würde mit Unruhe und geistigem Abschalten quittiert werden. Schließlich redet man doch nur über das Thema, über das jeder genau Bescheid zu wissen meint. Wer immer auf dem Boden der Tatsachen bleibt, ahnt nichts vom Geist, der weiter oben weht.

Abschweifen will gekonnt sein. Es ist die Kunst des Danebendenkens, sie wird nirgendwo gelehrt, sie kann nur erfahren werden. Dies wird hier gesagt im Gegensatz zu dem britischen Psychologen Eduard de Bono, der viel Erfolg hatte mit einem lehr- und lernbaren System der Kreativitätssteigerung, das er als »laterales Denken« bezeichnete. Philosophische Auffassungen lassen sich nicht instrumentalisieren. Sobald dies versucht wird, wogegen nichts einzuwenden ist, verlassen sie jedoch das Feld der Philosophie, wie einst Mathematik und Physik, und landen im Bereich der lehrbaren Methoden und unphilosophischen Nützlichkeit.

Lineares Denken, auch soweit es netzplanmäßig angelegt ist, muss normalerweise geplant sein oder planmäßig in Schritten entwickelt werden. Es arbeitet mit den Informationen, die beim jeweiligen Stand der Planung bekannt sind, für die jeweilige Entscheidung als wesentlich angesehen werden und im Programm verarbeitet werden können. Redundanz als überflüssiger Informationsballast wird möglichst vermieden, insbesondere dann, wenn eine Entscheidung mit Hilfe der EDV getroffen wird. Der künstlerisch und philosophisch denkende Zeitgenosse, wenn er die Gelegenheit hat, sich einzumischen, findet Informationen auf Seiten- und Abwegen. Er ist im Idealfall in der Lage, flächendeckend über die Welt des Denkbaren hinwegzustreifen, um fündig zu werden. Sein Beitrag kann Beziehungen herstellen, die jenseits des vorher Einsehbaren liegen. Seine Informationen sind nicht durch ein Programm und eingeplante Beiträge begrenzt: Hier liegt die Chance des »geistreichen«, des wahrhaft kreativen, also schöpferischen Beitrags. Der Künstler muss ein Ziel kennen oder ahnen, der Schwafler redet drauflos, ohne zu wissen, wohin er will. Dem Künstler stehen Bilder, Träume, Literatur, Geschichte und Einblicke in viele Wissensgebiete zur Verfügung, um im Labyrinth des Denkbaren neue Wege zu bahnen.

Wer nur auf ebenen Wegen sucht, findet den Weg zur Zuckerdose nicht, denn die zunächst mit den andern am Boden herumirrende Ameise wich, als sie an der Wand hochstieg, in eine höhere, nämlich die dritte Dimension aus. Die geistige Dimension des Menschen bleibt denen verborgen, die nur auf der Erde herumkrabbeln und meinen, das sei schon alles.

Abschließend muss hier Folgendes berichtet werden: Die Pionierameise hat den Zuckerstreuer gesund wieder verlassen, denn schließlich hat sie ja den Weg gefunden und den anderen verkündet. Doch viele weitere haben sich in ihrem blinden Forscherdrang tief in die Zuckermasse hineingebohrt und von dort aus den Weg nicht mehr nach oben gefunden. Sie sind in ihrem unbegrenzten Reichtum erstickt, weil sie nicht auf das ewige Noch-Mehr verzichten konnten.

Intermezzo:
Kolumbus und seine vergebliche Reise

Die ganze Expedition war eigentlich ein Unsinn. Der Plan des Kolumbus, nach Westen zu segeln, um im fernen Osten anzukommen, war zwar angesichts der irdischen Kugelgestalt logisch, doch er verkannte die Entfernung. Er schätzte den Seeweg nach Japan auf 4500 km, tatsächlich wäre die Fahrt um den halben Globus über viermal so weit gewesen, nämlich 20 000 km. Das hätte niemals gut gehen können, wenn da nicht die unüberwindbare Barriere Amerika im Weg gewesen wäre. Ohne Amerika wäre Kolumbus mitsamt seinen Leuten und seiner Geschichte im Meer versunken, wie so viele andere auch. Immerhin brauchte er allein für die abenteuerliche Hinreise auf die dann entdeckte Insel der Bahamas die Zeit vom 3. August bis 13. Oktober 1492. Ein Mensch, der irgendwelche Rücksichten nimmt, hätte die mehr als fragwürdige Expedition niemals unternommen, schließlich setzte Kolumbus ja nicht nur sein eigenes Leben aufs Spiel, sondern auch das der Besatzung. Doch die Welt braucht solche Draufgänger. Sie riskieren alles, nur um die Chance zu haben, Neuland zu gewinnen, und sei es eine Geldquelle, die andere noch nicht kennen. Wer immer Rücksicht nimmt, kann nicht nach vorn blicken. Verdanken wir den Fortschritt rücksichtslosen Menschen? In mancher Beziehung müssen wir das annehmen.

Und der Nutzen der Expedition? Kolumbus selbst erntete

Geld und Ehren, doch die später folgenden Intrigen nahmen ihm fast alles wieder. Immerhin Spanien und Portugal wurden reich. Obwohl wir es nicht annehmen können, wollen wir es trotzdem tun: Was wäre aus der Welt geworden ohne ein von europäischen Eindringlingen beherrschtes und erst viel später angesteuertes Amerika, wie sähe sie aus ohne ein europäisiertes Amerika? Man kann darüber nachdenken, auch im Bewusstsein, dass solche Fragen uns nichts nützen können.

Die Urväter des Computers und ihre untauglichen Maschinen

W. Schickard, G.W. Leibniz und ihre Nachfolger

Die Menschheit hat sich mit dem Computer einen alten Traum verwirklicht. Sind wir jetzt endlich zufrieden? Eigentlich müssten wir es sein, denn das, was wir heute an Datenkomfort besitzen, übersteigt die kühnsten Wunschträume der geistigen Ahnen unserer heutigen Informatiker, selbst derer, die erst vor einem halben Jahrhundert an der Zukunft des Datenhandwerks tüftelten. Das Versprechen allerdings, das Lernen werde mit den Computern zum Kinderspiel, hat sich nicht erfüllt. Zwar wird gespielt, doch wirkliches Lernen wird einem nicht geschenkt. Das liegt auf geistiger Ebene, zu der die Technik keinen Zugang findet.

Wohin geht die Datenreise? Eines wissen wir heute schon: Noch kleinere und noch schnellere Computer mögen vielleicht entstehen, doch sie sind allenfalls die verlängerte Gegenwart, nicht die Zukunft. Die lässt sich nicht berechnen, trotz teurer Datenverarbeitung. Wir kennen nur die Gegenwart und wo die Gegenwart hineinprogrammiert wird, entsteht keine Zukunft, denn die kommt mit Überraschungen. Wilhelm Busch hat das schon klar erkannt mit dem geistreichen Vers:

Meist findet Überraschung statt,
da, wo man's nicht erwartet hat.

Zwar scheinen das manche Zukunftserrechner noch immer nicht zu wissen, doch es zeigt sich regelmäßig, wie weit die errechneten Prognosen danebentreffen. Ansätze für das wirklich Neue gibt es zwar schon heute, doch die sind noch – wie immer – im Bereich der technischen Hinterhöfe, wo sie keiner kennt und sieht. Was die Zukunft ausmacht, beginnt mit dem Unbrauchbaren, mit dem Unnützen, dem noch nicht Anerkannten. Deshalb folgt hier nicht die Erfolgsgeschichte der Rechner, sondern die ihrer zunächst erfolglosen Anfänge.

Rechnen ist für viele eine unangenehme Kopfbelastung. Rechenkugeln und Rechenstäbchen waren lange Zeit die einzigen Hilfsmittel. Der aus Mallorca stammende Dichter und Philosoph Raymond Lull (um 1235–1315) versuchte anhand einer von ihm konstruierten mechanischen Vorrichtung wahre, einleuchtende Sätze so zu kombinieren, dass aus ihnen weitere Aussagen abgeleitet werden konnten. Doch erst im Zeitalter der Renaissance nahmen die Träume, Hoffnungen und schließlich Vorstellungen, man könne das Rechnen mit Maschinenhilfe erleichtern, konkrete Gestalt an. Die Erfindung der Rechenmaschine lag in der Luft und einige inspirierte Genies mussten sie da herunterholen.

Etwas für wünschenswert halten, das können viele, doch das Problem als lösbar zu erkennen, das macht erst die Genietat aus. Dann tragen die Großen immer das Risiko, mit ihren Ideen zu scheitern. Es kommt darauf an, eine Entwicklung in Gang zu setzen und Fortschritte auch dann zu erkennen, wenn Versuche lange nicht zum Erfolg führen. Die Kraft, nicht vorzeitig zu verzagen, gehört auch dazu. Hier lässt sich immer wieder erkennen: Der Geist muss der Technik weit vorauseilen.

Für realistisch denkende Normalmenschen mussten die frühen Versuche, Rechenmaschinen zu bauen, allesamt als

Spinnerei und unnütze Bemühungen erscheinen, und zwar dermaßen, dass lange Zeit weder die Mit- noch die Nachwelt davon etwas erfuhr. In einem Fall dauerte es über dreihundert Jahre, bis einem technischen Genie Anerkennung gezollt werden konnte.

1957 hielt der Keplerforscher Franz Hammer vor einem kleinen Kongress von Wissenschaftlern, die an der Geschichte der Mathematik interessiert waren, in Oberwolfach im Schwarzwald einen Vortrag. Er zeigte den Teilnehmern eine Skizze, die 1623 einem Brief des Tübinger Professors Wilhelm Schickard an Johannes Kepler beigelegt war. In diesem Brief teilte Schickard mit, er habe eine solche Rechenmaschine konstruiert, wie er sie beschrieb. Hammer sagte in seinem Vortrag 1957, wie und ob diese Maschine funktioniert habe, das werde man wohl nie erfahren.

Wilhelm Schickard (1592–1635) hatte Theologie studiert und als Pfarrer in Nürtingen lernte er 1617 Johannes Kepler kennen, es war eine schicksalhafte Begegnung, denn vermutlich wird sie Schickard in seinem Interesse für Astronomie bestärkt haben. Schickard wurde Professor in Tübingen und brachte Theologiestudenten Hebräisch bei. Dazu entwickelte er neue didaktische Methoden und mehr oder weniger mechanische Hilfsmittel, Drehscheiben zum Einpauken der hebräischen Grammatik. Vermutlich schaute der Theologe nicht nur in den göttlichen Himmel, sondern besonders gerne auch in den kosmischen Himmel, denn er baute allerhand technische Geräte als Hilfsmittel zum Erkennen von Sternenbahnen. Schickard wurde daraufhin auch Professor für Astronomie, natürlich schon als Anhänger des kopernikanischen Weltbilds. Die Kombination von Theologie und Astronomie war damals möglich, heute wäre sie schwer vorstellbar. Zum Vereinfachen der Berechnungen versuchte es der vielseitige Professor auch mit einer Rechenmaschine, die alle vier Grundrechenarten bewältigte. Zum Glück für die Nachwelt beschrieb und skizzierte er sie 1623 in dem erwähnten Brief an Johannes Kepler, der erst im 20. Jahrhundert wieder aufgefunden wurde.

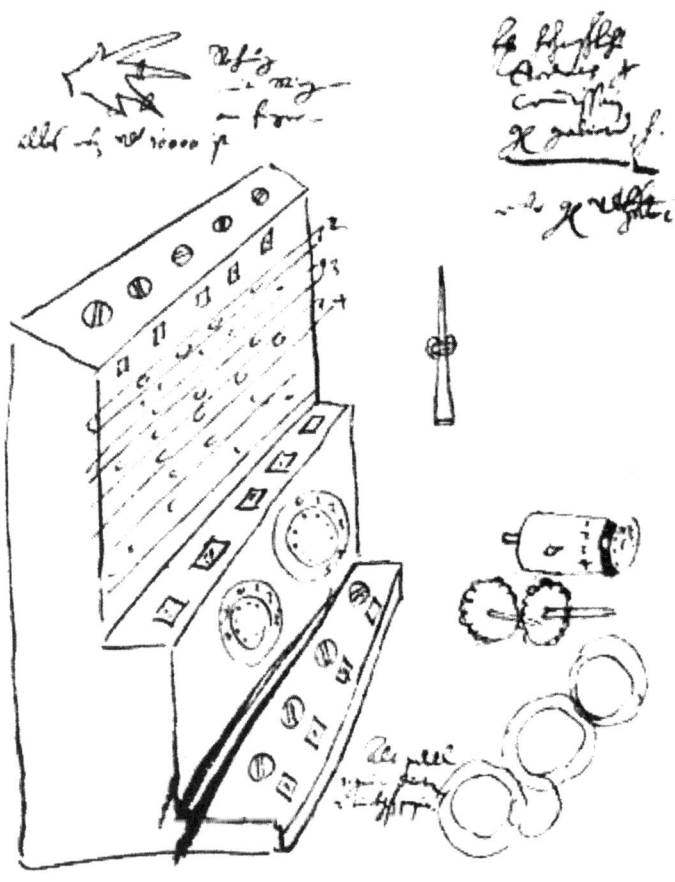

Wilhelm Schickard 1623

Bei dem kleinen Kongress im Schwarzwald traf es sich, dass an ihm der Mathematiker und Philosoph Bruno Baron von Freytag Löringhoff (1912–1996) teilnahm. Zwei Tage später, am Morgen nach einer weinseligen Nacht in Oberwolfach, betrachtete der Baron nochmals die Unterlagen und die Zeichnung Schickards, da kam ihm blitzartig der Gedanke, so eine Maschine müsse man doch nachbauen können, um zu sehen, ob sie tatsächlich in der Lage war, die vier Grundrechenarten zu meistern. Über zwei Jahre später, nach Überwindung von mancherlei Hindernissen, konnte Freytag die nach den Angaben Schickards gebaute Maschine im Auditorium maximum der Tübinger Universität einem großen Publikum präsentieren. Schickards Maschine wäre tatsächlich in der Lage gewesen, die ihr gestellten Aufgaben zu bewältigen, wenn nicht die Mechanik Schwierigkeiten bereitet hätte. Praktisch einsetzbar wäre das Gerät wegen der technischen Probleme nicht gewesen. Abgesehen davon forderte die Handhabung sehr viel geistige und körperliche Anstrengung, um einiges mehr als ein Taschenrechner. Schickard hatte damals zwei solcher Maschinen gebaut, eine für Tübingen und eine für Johannes Kepler. Leider sind beide im Dreißigjährigen Krieg verloren gegangen. Schickard und seine Familie selbst sind 1635 der Pest zum Opfer gefallen, die kaiserliche Truppen bei ihrem Überfall nach Tübingen eingeschleppt hatten.

Bis ca. 1960 galt Blaise Pascal, der als Neunzehnjähriger 1642, natürlich unabhängig von Schickard, eine Rechenmaschine für das väterliche Finanzamt in Clermont gebaut hatte, als der erste, der diese Tat vollbracht hatte. Allerdings hatte auch seine Maschine technische Schwierigkeiten, die sie zum Gebrauch in der Praxis ungeeignet machten. Die Geistesriesen ließen nicht locker. Ab ca. 1670 beschäftigte sich Gottfried Wilhelm Leibniz mit dem Versuch, eine »Machina Arithmetica«, also eine Rechenmaschine zu konstruieren. Doch erst etwa 1673 gelang ein erstes Modell, zunächst aus Holz. Danach wurden Versuche mit Messingmaschinen angestellt, die Leibniz bis an sein Lebensende (1716) immer wieder beschäftigten. Leibniz kannte die Rechenmaschine von Pascal, nicht jedoch die ihr schon überlegene von Schickard. Die Leibniz'sche Maschine hatte wie die vorangegangenen technische Probleme. Erst im 20. Jahrhundert gelang ein funktionierender Nachbau.

Der größte Geniestreich in Hinblick auf künftige Rechenmaschinen gelang Leibniz um das Jahr 1700. In den »Mémoires de l'Académie Royale« veröffentlichte er 1703 sein neues, binäres Rechensystem, das ausschließlich die Zahlen 1 und 0 verwendete. Sein Artikel »Explication de l'Arithmétique Binaire« preist die Vorteile, die künftig das Rechnen vereinfachen könnten: »Alle diese Rechenoperationen sind so leicht, weil man nie versuchen muss zu schätzen, wie bei der gewöhnlichen Division. Man muss auch nicht [das kleine Einmaleins] auswendig können, wie bei normalen Rechenaufgaben.« Das Rechnen mit 1 und 0 oder auch ja und nein ist für die technische Verwendung geradezu prädestiniert. Daher überlegte sich Leibniz natürlich auch, wie man sein binäres oder »dyadisches« System technisch einsetzen könnte, weil er wusste, dass die Eins z. B. durch ein Loch und die Null durch eine geschlossene Stelle dargestellt werden könnten. Technisch verwirklichen ließ sich so eine Maschine zu Beginn des 18. Jahrhunderts natürlich nicht. So musste es dabei bleiben, dass Leibniz die geistigen Grundlagen für unsere heutigen Computer schon erkannt hatte. Sein langes und intensives Forschen und Tüfteln ist für seine Zeit eine spitzfindige Spielerei geblieben, an der niemand ein praktisches, wirtschaftlich nutzbares Interesse haben konnte.

Für Leibniz war das duale System nicht nur mathematische und technische Grundlagenforschung, sondern ein Weg zur Erkenntnis Gottes. Er meinte, im dualen System werde 7 durch die Zahlenfolge 111 dargestellt. Die drei Einsen sind für ihn die Dreifaltigkeit Gottes, zugleich ist es die Zahl der Schöpfungstage mit dem Sabbat. Wenn Leibniz auf eine Rechenmaschine die Worte »Supra hominem« (über dem Menschen, dem Menschen überlegen) anbringen ließ, so wollte er damit nicht ausdrücken, dass die Maschine dem Menschen überlegen sei, sondern dass die ihr zugrunde liegende Mathematik als Werk Gottes angesehen werden müsse. Schließlich ist sie keine menschliche Erfindung, sie stammt aus dem Anbeginn der Schöpfung, sie liegt ihr zugrunde. Der Mensch konnte sie im Kosmos, in der Natur erst allmählich entdecken und sie als Geschenk annehmen, um sie sich nutzbar zu machen. Solche Gedanken sind das Kennzeichen eines Denkers, für den die Mathematik ein Teil der Philosophie im weitesten Sinne geblieben ist: Mathematik ist kein Selbstzweck und nicht nur eine Grundlage für technischen Fortschritt, sie ist ein unlösbarer Bestandteil auf dem Weg zu einer Gesamtschau der Welt. Was ist uns heute davon geblieben, gibt es einen Fortschritt, der auf neue Weise diesen Weg wieder entdeckt? Wir wissen es noch nicht.

Der Geist von Leibniz wirkte fort und wieder war es ein Geist, der Theologie und Technik miteinander verband. Philipp Matthäus Hahn (1739–1790) war Pfarrer in verschiedenen württembergischen Gemeinden und wegen seiner pietistischen Erbauungsschriften und seiner zu Herzen gehenden Predigten hoch angesehen. Doch nur mit diesen frommen Taten wäre er nicht in die Geschichte eingegangen. Er war zeitlebens Konstrukteur und Erfinder feinmechanischer Geräte, die er weiterentwickelte und vervollkommnete. Er baute nicht nur Kirchturmuhren; seine Taschenuhren hatten erstmals einen Sekundenzeiger. Er konstruierte Neigungswaagen, die ohne Gewichte arbeiteten, außerdem astronomische Geräte, eine Weltuhr für Sonne, Mond und Sterne. Dabei musste er über seinen Schatten springen, denn für seine pietistischen Anhänger verzichtete er auf seine astronomischen Kenntnisse insoweit, als er zusätzlich eine Weltuhr mit der Erde als Mittelpunkt baute. Und schließlich war dann noch die Rechenmaschine fällig. Inwieweit er die Konstruktion der Leibniz'schen Maschinen gekannt hat, ist nicht geklärt, doch hat er sein Werk durch eigene Erfindungen so weit verbessert, dass es mit vierzehn Stellen genau arbeiten konnte. Von dieser Maschine baute er mindestens vier Exemplare. Allerdings waren solche Rechenmaschinen auch zu seiner Zeit nicht gefragt, sie waren und blieben technische Kuriositäten, auf deren Grundlage die feinmechanische Industrie zumindest in Württemberg weitere Impulse erlebte. Fromme Tüftler im Geiste Hahns gab es in der späteren Zeit immer wieder, auf ihren Pionierleistungen beruht ein großer Teil der auch heute noch existierenden Produktionsstätten. Eine Idee konnte sich Hahn allerdings nicht verwirklichen: Er träumte von einer »Maschine, die einen Wagen allein durch die Kraft von Wasser und Feuer, ohne weitere Hilfe über Berge und Täler in beliebiger Geschwindigkeit bewegen könnte«. Wenn erst einmal etwas geträumt wird, muss aus dem Traum eines Tages Wirklichkeit entstehen.

Lästige Wahrheiten zur Unzeit

*Jean-Jacques Rousseau und die
Französische Revolution*

Es ist mehrere Jahre her, als ich in Avignon in einem kleinen Antiquariat stöberte und dabei ein altes, unansehnliches Büchlein entdeckte, halb so groß wie ein heutiges Taschenbuch, einfach in längst vergilbtes Papier geheftet. Es enthielt keinen Verfassernamen und kostete vermutlich auch deshalb nicht viel. Ich erwarb es, ohne lange zu überlegen, denn ich wusste sofort, wie der Verfasser hieß. Der Titel der Schrift lautet: »Du contrat social, ou principes du droit politique«. Auf Deutsch: »Vom Gesellschaftsvertrag oder Grundsätze des Staatsrechts.« Der in dem kleinen »Raubdruck« unterdrückte Verfassername ist: »Jean-Jacques Rousseau; Bürger von Genf«. Das vergilbte Büchlein mag vor über zweihundert Jahren in der Tasche eines Revolutionärs gesteckt haben.

Die Erstausgabe des 1754 verfassten Werks war erst 1762 erschienen, vorsichtshalber im toleranten Amsterdam, weil die französische Zensur diesen Text nie gebilligt hätte. In fortschrittlich denkenden, gebildeten Kreisen Frankreichs kursierten solche Bücher dennoch unter der Hand. Das von mir erworbene Exemplar ist erst 1791 in Paris gedruckt worden, denn nach Ausbruch der Revolution hatte die französische Zensur in dieser Beziehung nichts mehr zu melden. Jetzt konnte das Werk in die Hände der Massen gelangen. Wenn den »Gesellschaftsvertrag« und andere Schriften von Rousseau nur ein einziger Franzose gelesen hätte, so wäre schon durch ihn dieses Buch in die Weltgeschichte eingegangen, denn dieser eine machte ebenfalls Geschichte. Im Gegensatz zu Rousseau war er kein wilder Freiheitsfanatiker ohne Lebenskonzept, sondern genau das Gegenteil, ein prinzipientreuer Musterschüler, der sein juristisches Examen mit Glanz abgelegt hatte und eine steile Karriere in der amtlichen Hierarchie erwarten konnte. Allerdings, einen Vorwurf hätte man ihm damals im Namen der strengen Obrigkeit machen können: Er ließ sich von den Schriften Rousseaus beeindrucken und – im Gegensatz zu seinem geistigen Mentor – entwickelte er sich zum kompromisslosen Diktator. Sein Name: Maximilien Marie Isidor de Robespierre.

Das Buch und seine Folgen für Europa hatte eine Vorgeschichte. Sie begann rund vierzig Jahre zuvor, an einem heißen Sommertag des Jahres 1749. Der gerade 37jährige Jean-Jacques Rousseau machte sich zu Fuß auf den Weg von Paris nach Vincennes vor den Toren der Stadt, um dort seinen inhaftierten Freund Denis Diderot zu besuchen. Der Wanderer war in den Augen rechtschaffener Menschen ein echter Taugenichts, der sich nie systematisch um sein Leben kümmerte. Er hatte schon ein abenteuerliches und unruhiges Wanderleben hinter sich, das ihn jedoch nicht von seiner ihm einst in Genf wohl anerzogenen undiplomatischen Wahrheitsliebe befreite. Nachdem der Graveurlehrling von zu Hause ausgerissen war, hatte er sich in vielen Orten mit mancherlei Tätigkeit und Untätigkeit herumgeschlagen, war Landstreicher, Musikant, Musiklehrer, Gesellschafter mit Bettverpflichtungen bei einer reichen Dame, Gesandtschaftssekretär, Schreiber in einem Grundbuchamt, Notenkopist, Komödiendichter gewesen. Jetzt versuchte er sich als Komponist und lebte mit einer geistig minderbemittelten, dennoch liebenswerten Frau zusammen in Paris. Studiert hatte er nicht, doch das Leben in der Gesellschaft und auf Reisen kannte er in vielen Facetten. Sein Handwerkszeug waren ein waches Auge, ein aktiver Geist und eine sichere Feder.

Damals zwischen Paris und Vincennes geschah etwas für andere Unauffälliges, doch für die Weltgeschichte sehr Wesentliches. Der bescheidene Wanderer wollte die Zeit seines Fußmarsches doch irgendwie nutzen und blätterte in der Zeitschrift »Le Mercure de France«. Dort stieß er zufällig auf ein »Preisausschreiben«, das allerdings nicht aus einem Kreuzworträtsel mit Lösungswort bestand, sondern aus einem Thema, über das man eine Abhandlung schreiben konnte. Die Preisfrage der Akademie von Dijon lautete: »Hat der Fortschritt der Wissenschaften und Künste zur Veredelung der Sitten beigetragen?« Rousseau schilderte später in einem Brief, was ihm an jenem Tag geschah. »Wenn jemals etwas einer plötzlichen Inspiration gleichkam, war es die Bewegung, die sich bei dieser Lektüre in mir abspielte. Auf einmal fühlte ich meinen Geist von tausend Erkenntnissen geblendet, Schwärme lebendiger Ideen zogen, alle zugleich, in solcher Gewalt und Verworrenheit an mir vorbei, dass ich in unsäglichen Aufruhr geriet. Mein Kopf wird von einer rauschähnlichen Betäubung erfasst. Heftiges Herzklopfen bedrängt mich und will mir die Brust sprengen.« Rousseau sinkt unter einem Baum nieder. Als er nach einer halben Stunde aufsteht, stellt er fest, dass der Vorderteil seiner Weste von Tränen durchnässt ist. Jetzt plötzlich hatte er eine Erkenntnis, um hier nicht das Wort Erleuchtung zu gebrauchen, die überhaupt nicht in das Denken der damaligen Zeit passte, jetzt meint er zu wissen, dass der Mensch von Natur aus gut sei und dass es einzig und allein am gesellschaftlichen System liege, wenn die Menschen böse werden. Kurz gesagt: Der Fortschritt macht die Menschen nicht besser, sondern verdirbt sie.

In einem Zug und voll wilder Wut knallt Rousseau in den nächsten Tagen seine Argumente auf das Papier. Seine Antwort ist ein leidenschaftliches Nein auf die Preisfrage. Der in natürlicher Gesellschaft lebende unverbildete Mensch ist der Moral gegenüber aufgeschlossener als der verbildete, eitle, an immer kompliziertere gesellschaftliche Konventionen gebundene. Rousseaus Thesen richten sich gegen die höfische Kultur unter dem Einfluss der damaligen gezierten Mode, trotz sonstiger Fortschritte; sie wenden sich auch gegen den um sich greifenden Rationalismus und die Aufklärung. Seine Abhandlung ist eine Polemik gegen alles, was damals als modern und zeitgemäß galt. Rousseau verließ den Geist der Zeit und bekämpfte ihn. Er nimmt in Kauf, dass er die Preisrichter in Dijon vor den Kopf stoßen wird und sie seinen Aufsatz als abwegig ansehen werden. Doch das Unfassbare geschieht: Rousseaus Abhandlung wird der erste Preis zugesprochen. Er, der immer ein gesellschaftlicher Außenseiter gewesen war, wurde über Nacht berühmt. Im Vorwort zur Buchausgabe seiner Preisschrift bekennt er: »Da ich mich frontal allem widersetzte, was die Menschen heute bewundern, kann ich nur Tadel erwarten. (…) Ich suche nicht, den Schöngeistern zu gefallen, noch den Leuten, die in Mode sind. (…) Für solche Leute darf man nicht schreiben, wenn man sein Jahrhundert überleben will.«

Rousseau wurde nicht nur berühmt, sondern auch berüchtigt, zugleich verehrt und gehasst. Sein Erfolg ermutigte ihn, eine Reihe weiterer kulturkritischer und politischer Schriften zu verfassen, die heute seine weltgeschichtliche Bedeutung ausmachen. Eine Voraussetzung für seinen Erfolg ist auch sein Stil, denn der ist nie geziert und geschraubt, sondern einfach, klar und direkt, jeder kann ihn verstehen.

Gleich der erste Satz im »Gesellschaftsvertrag« traf in die Herzen der revoltierenden Menschen: »Der Mensch ist frei geboren und überall liegt er in Ketten.« Wenn das kein Aufruf ist, die Ketten zu sprengen! Doch bereits 1755 war in Amsterdam eine andere Schrift von Rousseau erschienen, seine »Abhandlung über den Ursprung und die Ursachen der Ungleichheit unter den Menschen«. In diesem Buch beschreibt Rousseau den Despotismus, der schließlich dazu führt, dass die Untertanen nur noch Sklaven sind. Deren Recht ist es, den Despoten davonzujagen. Da lesen wir folgenden radikalen Satz: »Der Aufstand, der schließlich damit endet, dass ein Sultan erdrosselt oder entthront wird, ist eine ebenso rechtliche Handlung, wie es diejenigen waren, kraft deren er tags zuvor über Leib und Gut seiner Untertanen verfügte. Allein Stärke hielt ihn an der Macht, Stärke allein kann ihn stürzen.«

Robespierre nahm sich die Gedanken Rousseaus zu Herzen. Der Satz, dass es rechtmäßig sein könne, den Sultan zu erdrosseln, mag sich in seinem Kopf festgefressen haben. Der Jurist arbeitete sich schnell in die oberste Ebene hoch und wurde zunächst Präsident der Jakobiner, die unter seinem Diktat den König stürzten. Damit nicht genug, 1793 wurde er Kopf des »Wohlfahrtsausschusses« und damit begann seine Schreckensherrschaft, der Tausende unter der Guillotine zum Opfer fielen. Wie für Unzählige, so forderte er auch für den König die Todesstrafe: »Es ist besser, wenn Ludwig stirbt als Hunderttausende von braven Bürgern! Ludwig muss sterben, damit das Vaterland lebe!« Bereits am 21. Januar 1793 starben König Ludwig XVI. und am 16. Oktober seine Gemahlin Marie-Antoinette durch das Fallbeil. Doch bekanntlich »frisst die Revolution ihre Kinder«, denn schon im nächsten Jahr, am 28. Juli 1794, starb Robespierre selbst durch die Guillotine.

Waren die hitzigen Gedanken Rousseaus Ursache der blutigen Französischen Revolution, die nicht nur in Paris, sondern auch in mehreren anderen Städten und auf dem Land um sich griff? Natürlich konnten sie nur eine Ursache unter vielen sein, denn es gab schon Jahre zuvor zunehmende Zerwürfnisse zwischen den verschiedenen Ständen im Land. Der drohende Staatsbankrott durch kostspieligen Aufwand der Könige und militärische Abenteuer in Europa und Amerika erhitzten die Gemüter. Im Hintergrund stand eine allmächtige erstarrte Bürokratie, die dem Volk zunehmende Schwierigkeiten bereitete. Man darf sie sich nicht als ein auf Perfektion angelegtes System vorstellen, sondern als ein konfuses Netz von adligen und klerikalen Privilegien, die in erster Linie den Zweck verfolgten, ihren Herren Geld zu beschaffen. Das Volk wurde ausgepresst. Das Pulver für eine Revolution war im Laufe der Jahre angehäuft worden, noch fehlte der zündende Funke. Doch wie kam es, dass so große Volksmassen in sich das Recht erspüren konnten, das gesamte System zu stürzen? Rousseau hatte ihnen Jahre zuvor, als noch niemand ahnen konnte, was sich ab 1789 ereignen sollte, dieses Recht zugesprochen und Mut zum Handeln gemacht. »Der Souverän hat niemals das Recht, einen Untertan stärker als den andern zu belasten.« Rousseau setzte sich für Demokratie und die republikanische Verfassung ein, was schon für sich den Sturz des Königs bedingte. Er meinte, das Volk, das wählen kann, irre sich weit weniger als der Fürst.

Dies alles wurde geschrieben, als die Verhältnisse in Frankreich unter der Regierung Ludwigs XV. noch relativ stabil waren. Kein Mensch hielt damals eine blutige Revolution in Frankreich, wie sie dann erst eine Generation später ausbrach, für denkbar. Was Rousseau schrieb, waren zumindest für ihn mehr oder weniger theoretische Überlegungen. Er sagte der Welt, was er zu sagen hatte; was daraus werden könnte, bekümmerte ihn nicht. In Frankreich war er in Ungnade gefallen, er versuchte deshalb, sich wieder in der Schweiz anzusiedeln, wo man ihn nach einiger Zeit auch wieder vertrieb. Resigniert schrieb er in den »Träumereien des einsamen Spaziergängers«: »So bin ich denn allein auf dieser Erde, habe keinen Bruder mehr, keinen Nächsten, keinen Freund, keine Gesellschaft außer mir selbst. Der geselligste und liebevollste unter den Sterblichen ist von seinen Mitmenschen einmütig geächtet worden.«

Trotz seiner engagierten politischen und pädagogischen Schriften dachte Rousseau nicht im Entferntesten daran, für seine Ideale auch persönlich zu kämpfen. Er sagte seine Meinung zu etwas und wandte sich dann einem anderen Thema zu. Doch schon seine Texte regten viele auf. Man kann es kurz so sagen: Nützliche Menschen hielten sein Denken für unnütz und schädlich. Seine wenigen Gönnerinnen und Gönner waren zwar reich, doch politisch ohne Einfluss. Rousseau verarmte trotz seiner Berühmtheit und seiner Bestseller-Erfolge und starb elf Jahre vor dem Ausbruch der Revolution 1778 mit 66 Jahren auf dem Gut eines adligen Gönners in der Nähe von Paris, wo er auch begraben wurde. 1794 wurde sein Sarg mit feierlichem Geleit ins Pariser Pantheon zu den Großen der Nation überführt.

Wer sein Jahrhundert überleben will, das hatte Rousseau richtig gesehen, muss die Wahrheit sagen. Das Dilemma, das dadurch entsteht, drückte Georg Christoph Lichtenberg so aus: »Es ist fast unmöglich, die Fackel der Wahrheit durch ein Gedränge zu tragen, ohne jemandem den Bart zu sengen.« (Sudelbücher G II,15) Rousseau hätte viele Bärte gesengt, wenn sie damals Mode gewesen wären, doch selbst

Lichtenberg trug einen Zopf. In der Revolution wurden dann die alten Zöpfe mitsamt den Köpfen abgeschnitten. Rousseau hatte seine Wahrheiten auf undiplomatische Weise abgefeuert, weil er darauf vertraute, sein lästiges Denken werde eines Tages anerkannt werden. Die Geschichte gab ihm Recht, doch sein Leben wäre angenehmer gewesen, wenn er sich unter die nützlichen Menschen eingereiht hätte.

Der erfolgreiche Kampf der Erfolglosen

*Suffragetten, Blaustrümpfe
und Emanzen*

Frauen waren Eigentum zunächst ihrer Väter, dann ihrer Männer und dementsprechend wurden sie behandelt und gehandelt. Sie wurden, wie es in manchen südlichen Ländern noch heute üblich ist, nicht nur seelisch, sondern auch körperlich im Haus eingesperrt. Sie standen unter männlicher Vormundschaft und hatten keine eigenen Rechte. Die Frau herrschte über Haus und Hof, dort mussten selbst harte Machos gehorchen, doch außerhalb ihres Reichs hatte sie nichts zu sagen.

Noch im 19. Jahrhundert waren den Frauen viele Berufe verschlossen. Frauen wurden angebetet, doch wenn sie die Bitten endlich erhörten, mussten sie ihre Männer um das Haushaltsgeld bitten. Sie durften insbesondere nicht oder nur in Ausnahmefällen auf Universitäten studieren, das galt damals noch nach alter Tradition als unfein und unweiblich. Das Großherzogtum Baden war im Jahr 1900 das erste deutsche Land, das durch Ministererlass festlegte, dass Mädchen höhere Jungenschulen besuchen und unter gleichen Bedingungen wie Männer zum Hochschulstudium zugelassen werden dürften. In Preußen gab es eine entsprechende Regelung erst 1908.

Nur selten gelang es in früheren Jahrhunderten einzelnen Frauen, aus dem ihnen durch Tradition und Konvention vorgegebenen Rahmen auszubrechen, um etwa auf dem Gebiet der Literatur, Musik und Kunst anerkannt zu werden; sie mussten normalerweise schwerer um Beachtung kämpfen als gleichbegabte Männer. Warum war und ist das vielerorts auf der Welt heute noch so? Wie kommt es, dass Frauen, berufstätige und zu Hause arbeitende, dennoch jahrhundertelang um ihre Anerkennung und Gleichberechtigung kämpfen mussten und müssen? Wie kommt es, dass Männer diesen Kampf nicht nur als unnützes, verkrampftes und überzogenes Denken ansahen, als etwas nicht Ernstzunehmens, und es oft sogar als staatsschädliches Verhalten bekämpften? Wenn sich die Gesellschaft ändert, ändert sich auch die Rolle der Geschlechter in ihr, doch viele wollten das nicht wahrhaben. Aus der großen Zahl der Frauen, die sich in allen Ländern für ihre soziale Stellung in der Gesellschaft einsetzten und auch heute noch einsetzen, wollen wir als Beispiele vier Frauen herausgreifen, um ihr Schicksal mit wenigen Worten zu erwähnen, es sind Olympe de Gouges im 18. Jahrhundert, Hedwig Dohm und Louise Otto-Peters im 19. und Helene Stöcker im 20. Jahrhundert. Sie hatten unterschiedliche Schicksale und doch ist ihnen mit vielen anderen eines gemeinsam: Sie kämpften nicht nur für sich, sondern auch für ihre Geschlechtsgenossinnen und sie wurden von den Männern entweder ignoriert, verlacht oder bekämpft. Außerdem ist ihnen noch eines gemeinsam: Sie wurden mehr oder weniger vergessen, denn es galt unter Männern als unfein, über sie ohne Schmunzeln zu sprechen. Vieles hat sich dank dieses Ringens geändert, zumal in der zweiten Hälfte des 20. Jahrhunderts. Die Bewegung ist nicht abgeschlossen.

Olympe de Gouges

Am 6. März 2004 wurde bei einer kleinen Feierstunde in Paris ein Platz in der Nähe des Platzes der Republik umbenannt in »Place Olympe de Gouges«. Seit ihrem Tod unter der Guillotine in Paris 1793 war sie zweihundert Jahre so gut wie vergessen, dabei wäre sie eigentlich eine bedeutende Persönlichkeit der Geschichte, wenn man sie nur kennen würde. Der sture Ordnungsfanatiker und rücksichtslose Mörder Robespierre wurde berühmt, die radikale Denkerin und feingeistige Kämpferin mit Worten Olympe de Gouges wurde rund zweihundert Jahre absichtlich oder versehentlich totgeschwiegen. Sie erlebte so einen zweifachen Tod und jetzt eine vielleicht bescheidene Auferstehung.

Olympe de Gouges, die eigentlich Marie Gouze hieß, war vermutlich die erste aktive Frauenrechtlerin überhaupt, sie hat ihren Kampf mit dem Leben bezahlt. Sie wurde 1748 in Montauban in Südfrankreich geboren, heiratete mit sechzehn, empfand ihre Ehe als »Grab des Vertrauens und der Liebe« und nachdem sie einen Sohn geboren hatte, tat ihr Mann ihr anscheinend doch einen Liebesdienst, indem er dahinschied, um seine Gattin von dem ihr nicht behagenden Ehejoch zu befreien. Manche meinen, ihr Mann sei damals vielleicht nicht gestorben, die Zwanzigjährige habe ihn nur in aller Eile verlassen, weil sie schon nach kurzer Ehe genug von ihm hatte. Jedenfalls packte sie ihr Söhnchen und floh aus dem muffigen Montauban in das weltoffene Paris, wo sie sich fortan Olympe de Gouges nannte. Vermutlich nahm man das mit den Namen und Adelstiteln damals nicht so genau und immerhin hatte ihr die Mutter anvertraut, dass Maries wahrer Vater ein Dichter sei, der sich wohlklingend Jean-Jacques Lefranc de Pompignan nannte. Von der Ehe hatte sie genug, sie wollte nie mehr heiraten, ging jedoch für einige Jahre eine Partnerschaft mit einem anderen Mann ein.

In Paris gelang es Olympe, vielleicht auch aufgrund ihrer Schönheit, in gebildeten Kreisen zu verkehren. Sie schrieb mehrere politisch motivierte Theaterstücke. Eines ihrer Stücke hieß »Die Versklavung der Schwarzen oder der glückliche Schiffbruch«, es wurde immerhin 1785 an der Comédie Française aufgeführt. Darin prangerte Olympe die Sklaverei in den Kolonien an, das erregte natürlich Anstoß und das Stück musste nach drei Vorstellungen wieder abgesetzt werden. Es gab die Forderung, die Theater sollten überhaupt keine Stücke von Frauen aufführen. 1792, also erst nach Ausbruch der Revolution, wurde das Stück dann sogar veröffentlicht.

In mehreren offenen Briefen nahm Olympe zu politischen Fragen Stellung. Mit dem Kampfruf der französischen Revolution und der französischen Nation bis heute, »Freiheit, Gleichheit, Brüderlichkeit«, hatte sie Probleme. Freiheit für die Männer? Gleichheit für die Männer? Brüderlichkeit ja, nur wo bleiben die Schwestern? 1791 richtet sie einen offenen Brief an die Königin Marie-Antoinette, deren Autorität noch nie groß und nach Ausbruch der Revolution, der auch sie bald zum Opfer fallen sollte, gar nicht mehr vorhanden war. Olympe de Gouges stellte darin »Die Erklärung der Rechte der Frau und Bürgerin auf«. Sie schreibt im Vorwort: »Mann bist du fähig, gerecht zu sein? Eine Frau stellt dir diese Frage. Dieses Recht wirst du ihr zumindest nicht nehmen können. Sag mir, wer hat dir die selbstherrliche Macht verliehen, mein Geschlecht zu unterdrücken? (...)«

Olympe forderte die Aufnahme von Frauen in die Nationalversammlung. Artikel 1 beginnt mit den Worten: »Die Frau ist frei geboren und bleibt dem Mann gleich in allen Rechten.« Daraus folgert sie die Forderung nach gleichem Zugang zu allen öffentlichen Ämtern und Berufen nach ihrer Fähigkeit (…) »Die Frau hat das Recht, aufs Schafott zu steigen, dann muss sie auch berechtigt sein, auf die Rednertribüne zu steigen.« Die Rednertribüne wurde ihr versagt, das Schafott nicht.

1793 forderte Olympe de Gouges in einem Manifest unter dem Titel »Die drei Urnen oder das Wohl des Vaterlandes« eine Volksbefragung zu den drei möglichen Regierungsformen: Republik, Bundesstaat oder Monarchie. – Das war zu viel! Diese Schrift brachte sie in Verdacht, sie hielte es mit den verhassten Girondisten. Vordergründig aus diesem Grund, im Wesentlichen jedoch wegen ihres lästigen Eintretens für Volksbefragung und Frauenrechte, wurde sie angeklagt. Sie störte die männliche Revolution, in der Machtgier, Mord und Totschlag an der Tagesordnung waren. Am 3. November 1793 wurde Olympe de Gouges durch die Guillotine hingerichtet.

Hedwig Dohm und Louise Otto-Peters

Ein Leben lang hatte die Schriftstellerin und Frauenrechtlerin Hedwig Dohm (1831–1919) für die Besserstellung der Frauen in der Gesellschaft gekämpft, mit Satiren, Lustspielen, Polemiken und natürlich auch mit sachlich oder überspitzt vorgetragenen Argumenten. Irgendeinen Erfolg hatte sie damit nicht, obwohl sie es immer wieder aufs Neue versuchte. 1902 veröffentlichte sie ihre Kampf- und Spottschrift »Die Antifeministen«. Darin schrieb sie: »Oder meint man: nie dürfe eine schwache Frau über den starken Mann spotten, immer nur der starke Mann über die schwache Frau? Wäre das nicht, als schlügen große Jungen kleine

Mädchen, und den kleinen Mädchen läge es ob, fein stillzuhalten? Haben nicht die Männer Jahrhunderte hindurch jeden auch noch so bescheidenen Anspruch der Frau mit Hohn und Spott zurückgewiesen? Bin ich nicht selbst, als ich vor dreißig Jahren meine ersten Schriften in der Frauenfrage veröffentlichte, mit Hohn und Spott überschüttet worden?« Hedwig Dohm wehrte sich gegen den Vorwurf, sie sei männerfeindlich, schließlich hatte sie vor Abschluss des Lehrerinnenseminars den Journalisten Ernst Dohm geheiratet, der sie allerdings schon am Tag der Hochzeit betrog. Mit ihm hatte Hedwig immerhin fünf Kinder. Im Vergleich zu ihrer Mutter, die achtzehn Kinder gehabt hatte, war das geradezu wenig. (Die Mutter hatte allerdings erst nach der zehnten Geburt Hedwigs Vater geheiratet.) Hedwig Dohm litt darunter, dass ihr Mann, der Chefredakteur der satirischen Zeitschrift »Kladderadatsch« und ein erfolgreicher Autor war, sie für intellektuell unbedarft hielt. Sie war jedoch keineswegs naiv, ihre Ausdrucksweise war weiblich, im Geschmack dem der »höheren Töchter« der damaligen Zeit angepasst. Sie war der überlegen herablassenden Art, mit der sich Männer damals um eine Entscheidung in solchen Fragen drückten, nicht gewachsen. Selbst Thomas Mann, der Gemahl ihrer Enkelin Katia Pringsheim, nannte sie »ein rührendes Menschheitsmütterchen«, das »gütig-radikale Meinungen« äußerte. Dieses »Mütterchen« revanchierte sich, indem sie den Kritiker, der damals schon auf dem Weg zum Ruhm war, einen »verdammten alten Antifeministen« nannte.

Hedwig Dohm kämpfte gegen die Argumente der Männer, nicht gegen die Männer selbst. Sie hoffte auf künftige Frauengenerationen, denen eines Tages der Durchbruch zu wirklicher Gleichberechtigung gelingen würde. Voll Erwartung blickte sie auf ihre Münchner Enkelin Katharina

(Katia) Pringsheim, die mit dem Studium der Physik begonnen hatte. Da heiratete diese 1904, obwohl ihre Familie sehr reich war, ausgerechnet einen Schriftsteller, und brach ihr Studium ab. Damit schien sie für die uralte Rolle der Frau bestimmt, die sich damit begnügt, Gattin und Mutter zu sein und auf ein eigenbestimmtes Leben zu verzichten. Was die Großmutter sich in vielen Jahren erträumt und erkämpft hatte, darauf schien die Enkelin Katia verzichten zu wollen. Doch die hatte an der Seite von Thomas Mann und als Mutter von sechs Kindern ein anderes, eigenes Schicksal und konnte zeigen, dass eine Frau auch neben einem dominanten Mann eine bedeutende Persönlichkeit sein kann.

Wenn Hedwig Dohm heute fast nur noch im Zusammenhang mit der komplizierten Geschichte der Familie Mann erwähnt wird, nicht jedoch aufgrund ihres scheinbar vergeblichen Kampfes um die soziale Stellung der Frau, spricht dies dafür, wie recht sie in ihren unangepassten, gelegentlich naiv klingenden Forderungen hatte. In diesem Kampf war sie allerdings nicht ganz allein. Sie hatte Vorgängerinnen und Nachfolgerinnen. Eine bedeutende Vorgängerin als Frauenrechtlerin war Louise Otto-Peters (1819–1895) Hatte Hedwig Dohm in erster Linie als Schriftstellerin gekämpft, versuchte Louise Otto-Peters, nach mehreren ebenfalls literarischen Versuchen, sich politisch zu engagieren. Sie hatte einmal geschrieben: »Die Teilnahme der Frau an den Interessen des Staates ist nicht ein Recht, sondern eine Pflicht.« Sie wurde Herausgeberin der »Frauenzeitung«, die jedoch zunächst in Preußen und endgültig auch in Sachsen 1852 verboten wurde. Louise Otto-Peters war u. a. Mitbegründerin eines Frauenbildungsvereins, einer Frauenkonferenz und einer Fortbildungsschule für Mädchen.

Frauenrechtlerinnen bezeichnete man geringschätzig als

Suffragetten, als Blaustrümpfe und später noch im 20. Jahrhundert als Emanzen. Das Wort Suffragette kommt vom englischen und zugleich französischen Wort »suffrage«, was so viel bedeutet wie Wahl- oder Stimmrecht – eine Errungenschaft, die lange auf sich warten ließ.

Helene Stöcker

Eine weitere Kämpferin für die Rechte der Frauen war die erst in den letzten Jahren wiederentdeckte Helene Stöcker (1869–1943). Sie hatte sich ihr Studium in der damaligen akademischen Männerwelt erkämpfen müssen, denn im Deutschen Reich waren zu ihrer Zeit Frauen noch nicht allgemein zum Studium zugelassen. Man respektierte allenfalls ein Studium im Ausland, also z. B. in Österreich und der Schweiz. Das erste Land im Deutschen Reich, das offiziell Frauen zum Hochschulstudium zuließ, war, wie bereits erwähnt, ab dem Jahr 1900 das Großherzogtum Baden. Preußen folgte erst acht Jahre später.

Helene Stöcker war Philosophin und eine fruchtbare und vielseitige Journalistin und Schriftstellerin. Sie muss vom Arbeitseifer geradezu getrieben worden sein. Wer über Leben und Werk dieser ungeheuer vielseitigen, ständig aktiven Frau mehr erfahren will, sei auf das Buch »Philosophin der Liebe – Helene Stöcker« von Annegret Stopczyk-Pfundstein (2003) hingewiesen. Helene Stöcker begnügte sich nicht mit dem Schreiben. Sie war Mitbegründerin zahlreicher Organisationen und Vereine wie »Verband für Frauenstimmrecht« (1902); »Internationale Vereinigung für Mutterschutz und Sexualreform« (1911); »Zentralstelle Völkerrecht« (1916); »Bund der Kriegsdienstgegner«(1919); »Internationale der Kriegsdienstgegner« (1921). Sie war Vorstandsmitglied der »Deutschen Liga für Menschenrechte« und der »Deutschen Friedensgesellschaft.« Sie wurde damals zahlreichen Menschen auch durch ihre Vortragsreisen bekannt, in denen sie für die Ziele dieser Organisationen warb. Sie starb 1943 verarmt im Exil in New York.

Es ist heute in Europa kaum mehr nachvollziehbar, dass Frauen so lange und heftig um ihre Rechte kämpfen mussten. Das aktive Wahlrecht für die Frauen war und ist die Voraussetzung für eine andere Politik. Sie kam nicht am Tag nach der Einführung des Wahlrechts für Frauen, doch die Früchte zeigen sich nach Jahrzehnten allmählich. Das aktive Wahlrecht für Frauen wurde eingeführt: In Neuseeland 1893; in Deutschland und Österreich 1918; in den USA 1920; in Großbritannien 1928; in der Türkei 1934; in Frankreich 1944; in der Schweiz 1971; in Liechtenstein 1984. In einigen arabischen Ländern warten die Frauen noch immer. Dass in Deutschland und Österreich einerseits und in Frankreich andererseits das Frauenwahlrecht unmittelbar nach dem Krieg bzw. nach dem Abzug der deutschen Truppen aus Paris eingeführt wurde, ist kein Zufall. Solange die Männer an der Front waren, konnten und mussten sich die Frauen in zahlreichen Berufen bewähren, die zuvor eine reine Männerdomäne gewesen waren. Dieses Argument bewies ihre auch politische Gleichberechtigung.

Das aktive Frauenwahlrecht, das nicht automatisch auch das passive Wahlrecht umfasst, nämlich das Recht, als Abgeordnete in ein Parlament gewählt zu werden, ist zwar ein entscheidender Schritt auf dem Weg zur Gleichberechtigung, doch es garantiert noch längst nicht die Gleichberechtigung in allen anderen Bereichen, z. B. im Eherecht und in der sozialen Stellung insgesamt. Das Grundgesetz für die Bundesrepublik Deutschland von 1949 enthält den Grundsatz der

Gleichberechtigung von Mann und Frau als Grundrecht in Artikel 3. Die damals noch dem Gleichheitsgrundsatz widersprechenden Gesetze mussten bis 1953 aufgehoben oder dem Gleichheitsgrundsatz angepasst werden.

Die ungeheuerliche Wahrheit

*Goyas Gesellschaftskritik
aus dem Unbewussten*

Ein Mann sitzt am Tisch, er hat den Kopf auf die Arme gelegt und schläft. Ein Schwarm bösartiger Tiere flattert aus dem Dunkel herbei: Hämisch grinsende Eulen und Riesenfledermäuse bedrohen ihn, am Boden sitzt eine übergroße Katze mit drohendem Blick. Eine Schrift am Tisch ist angebracht: »Il sueño de la razon produce monstruos.« (Der Traum der Vernunft gebiert Ungeheuer. Das spanische Wort »sueño« kann Schlaf oder auch Traum bedeuten.) Es ist eine Radierung aus dem Zyklus »Caprichos« von Francisco de Goya (1746–1828).

Goya selbst schreibt dazu auf einem Entwurf zu diesem Bild, das zunächst als Titel dieser Folge gedacht war, es stelle den träumenden Autor dar. Seine einzige Absicht sei es, allgemein übliche Torheiten zu verdammen und mit diesem Werk »das bleibende Zeugnis der Wahrheit abzulegen«. Betrachtet man die Bilder, so kann man die Wahrheit über die Menschen nicht in ihrer Vernunft erkennen, sondern in ihrer Unvernunft. Die prangert Goya an in scheußlichen Zerrbildern: Leichte Mädchen und eine hexenartige Kupplerin rupfen eine aufgespießte Gans mit Männerkopf. Eine schöne junge Frau blickt voller Ekel auf einen buckligen Mann mit verkrüppelten Beinen und hässlichem Gesicht, der ihr als Ehemann aufgezwungen werden soll, weil er vermögend ist. Die ganze Folge wimmelt von Scheusalen, Hexen, habgierigen Priestern, Fratzen und Gewalttätigkeiten. Immer wieder erscheinen Tiere mit Menschengesicht und Menschen mit Tiergesicht. Von den achtzig Bildern dieser Folge ist eines grauenerregender als das andere. Diese Abscheu erregenden Szenen sollen die vom Künstler erforschte Wahrheit sein?

Die »Caprichos« scheinen von einem unbändigen Hass auf die menschliche Gesellschaft zu zeugen, doch zugleich lassen sie ein ebenso großes Mitleid mit den kaltblütig gequälten, ausgebeuteten und leidenden Menschen erkennen. Von Vernunft ist da keine Spur, denn der Autor träumt ja. Dennoch will er schließlich die Wahrheit zeigen. Seine Botschaft ist: Die Wirklichkeit kennt keine Vernunft, sie ist einfach grausam. Um sie zu ertragen, muss die Vernunft einschlafen und träumen. Albträume lassen uns Wahrheiten erkennen, die bei wachen Sinnen vom Tag überstrahlt sind.

Noch schlimmer geht es in Goyas einige Jahre später entstandenen Radierungen unter dem Titel: »Desastres de la Guerra« (Schrecken des Kriegs) zu. Keine Quälerei, keine Folter, kein Sadismus wird den Betrachtern erspart. Das vorletzte Bild hat den Titel »Die Wahrheit ist gestorben.« Man erkennt eine von den Umstehenden offensichtlich mit Genugtuung ins Grab gelegte schöne, leuchtende Frau. Nur eine Gestalt scheint am Grab zu trauern. Sie hält eine zerstörte Waage in der Hand, es ist Justitia. Das letzte Blatt heißt: »Wird sie wieder auferstehen?« Die tote Wahrheit strahlt noch immer und fängt an, sich zu bewegen. Die fratzenhaften Gesichter geraten in Schrecken. Gegenüber Goyas »Desastres« ist Picassos eindrucksvolles Bild »Guernica«, das den Opfern des spanischen Bürgerkriegs von 1936 gewidmet ist, geradezu harmlos und doch ist Picasso in diesem Werk ein später Nachfahre von Goya.

Die Menschen, die Goya unter dem Aspekt seiner Wahrheitssuche zeigt, sind alle miteinander verkommene Bösewichte, Totschläger, Sadisten, Betrüger und bestenfalls Geizkrägen und Kuppler. Goya zeigte die Antivernunft im Dienste der grausamen Wahrheit, einer Wahrheit, die sich nicht um die Logik schert.

Obwohl Goya in jüngeren Jahren mit lieblichen Bildern im Stil des Rokoko begonnen hatte, muss sich in ihm die Wende zusammen mit der Französischen Revolution und einer bei ihm fortschreitenden Krankheit angebahnt haben. Um 1800 malt er die königliche Familie in Madrid. Doch wie! König Karl IV. steht da in hohler Pracht, mit versoffenem, aufgedunsenem Gesicht, strotzend vor Dummheit, die Königin Marie Luise mit von intriganter Herrschsucht verkniffenem Mund, während die übrigen Angehörigen meist sympathischer erscheinen. Goya hat sich selbst im Hintergrund des Gemäldes porträtiert, mit abgewandtem Gesicht. Er lässt erkennen, dass er keiner von denen da sein möchte, die er darstellt.

André Malraux soll über Goya einmal gesagt haben, er habe sein Genie an jenem Tag entdeckt, als er den Mut aufbrachte, nicht mehr gefallen zu wollen. Damit hat er wohl recht, auch wenn die Entscheidung vermutlich nicht an einem Tag gefallen ist, sondern zunächst unbewusst gereift und zunehmend in den Vordergrund gelangt sein mag. Doch darauf kommt es nicht an. Manche Eingebungen kommen blitzartig wie bei Rousseau, manche verlangen eine Reifezeit über Jahre. Das Ergebnis zählt. Es ist die Hinwendung großer Künstler, auf den eigenen oder fremden Nutzen ihres Denkens und Handelns nicht mehr zu achten, sondern aus ureigenen Quellen zu schöpfen. Wie viele Künstler in weitesten Sinne, also auch Schriftsteller, haben diese Entscheidung getroffen! Wenn sie in den Konventionen geblieben wären, die sie in der Jugend und in der Ausbildung vermittelt bekommen hatten und die in der Gesellschaft erwartet werden, wären sie zu Lebzeiten erfolgreich und vermögend geworden. Doch dann brach ihr »Eigensinn« die Bindung an die jeweils tonangebenden Schichten der Gesellschaft entzwei, sie wurden Außenseiter auf eigenen Wegen. Rembrandt hat dieses Schicksal erlitten, auch er wurde, als er seinen eigenen unverkennbaren Stil gefunden hatte, von führenden Kreisen missachtet.

Goyas Wahrheitssuche im Schlaf widerspricht allen gängigen Denknormen; und doch, Menschen können immer wieder versuchen, die Gegenwart hinter sich zu lassen, um geistig in die Zukunft vorzudringen. Sie lässt den, der sich auf sie einstellt, ihre schwachen Signale erkennen. Goya betrat solches Neuland mit einer zuvor nie dagewesenen bildlich dargestellten Gesellschaftskritik. Seine geistigen Nachfahren bis in die Gegenwart leben, ob sie es wissen oder nicht, von dieser Pioniertat. Doch beim Schlaf ließ er es nicht bewenden. Als er aus seinen Schreckensvisionen erwachte, begann er mit der harten Arbeit, den Traum, in die sichtbare Materie zu übertragen. Damit war er nicht der erste, doch die Bilder früherer Maler, die Schreckensvisionen darstellten, waren im Jenseits angesiedelt, sie zeigten die Qualen der Hölle. Goya holte sie in seine Gegenwart. Die Hölle, die er zeigt, ist irdisch. Die nutzlosen Träume wurden zum Signal für die Welt.

Wage zu wissen

*Kant und seine Verurteilung des
»vorwitzigen und müßigen« Denkens.*

Eine Prophezeiung, die in Erfüllung gegangen ist, enthielt das 1697 in Frankreich erschienene »Historische und kritische Wörterbuch«. Sein Verfasser Pierre Bayle (1647–1706), damals ein viel beachteter und viel geschmähter Vorausdenker eines liberalen und undogmatischen Protestantismus, schrieb darin, das kommende Jahrhundert werde jeden Tag aufgeklärter werden (plus éclairé). In der Tat, das 18. Jahrhundert gilt als Jahrhundert der Aufklärung. Doch erst das Jahr 1784 brachte Deutschland und damit auch Europa den krönenden Abschluss der Aufklärung in der Philosophie, denn in diesem Jahr erschienen innerhalb eines Monats, unabhängig voneinander, zwei Schriften mit dem gleichen Thema. Am 4. September veröffentlichte der Philosoph Moses Mendelssohn in der Berlinischen Monatsschrift seinen Artikel: »Über die Frage: Was heißt aufklären?« Am 30. September vollendete Immanuel Kant seine berühmte Schrift »Beantwortung der Frage: Was ist Aufklärung?«

Das Wort Aufklärung war damals noch ungewohnt, darauf wies Mendelssohn zu Beginn seiner Schrift hin. »Die Worte Aufklärung, Kultur, Bildung sind in unserer Sprache noch neue Ankömmlinge. Sie gehören vor der Hand bloß zur Büchersprache, der gemeine Haufe versteht sie kaum.«

Für ihn sind Bildung und Vernunft Grundvoraussetzungen der Aufklärung. Kant hatte erst ein paar Tage vor der Fertigstellung seiner Schrift erfahren, dass Mendelssohn dasselbe Thema abgehandelt hatte, doch gelesen hatte er die Konkurrenzschrift noch nicht. Kant ging forscher und radikaler vor: »Aufklärung ist der Ausgang des Menschen aus seiner selbst verschuldeten Unmündigkeit (...) Sapere aude! Habe Mut, dich deines Verstandes zu bedienen! ist also der Wahlspruch der Aufklärung.«

Die Aufklärung in Europa hatte sich seit rund zwei Jahrhunderten angebahnt, doch gab es für das neue, andere Denken, das sich ohne Rücksichten auf Dogmen und Denktraditionen nur nach der Vernunft richtete, bis dahin keinen Sammelbegriff. Und jetzt plötzlich 1784 wurde man sich in Deutschland bewusst, worin das Gemeinsame an diesem Denken bestand: die Welt im strahlenden Licht der Vernunft zu betrachten und das Denken, das noch aus dem »finsteren« Mittelalter stammte, endgültig zu überwinden. Was Denker wie beispielsweise Galilei und Descartes praktizierten, was sie jeweils als Pioniere des rationalen Denkens schon längst vorexerziert hatten, das konnte jetzt mit der völligen Befreiung aus einengenden Denktraditionen Gemeingut der Bildung werden. Die geistige Saat der Denker, über die man sich bislang nur hinter verschlossenen Türen in wissenschaftlichen Kreisen unterhalten hatte, ist sichtbar und greifbar aufgegangen. Wenn man es zugespitzt ausdrücken will, kann man sagen: Aus dem unnützen Denken wurde das nützliche Denken.

Worin besteht nun das Neue im Kant'schen Denken? Darüber sind Tausende Seiten geschrieben worden. Wir können hier nur ein Beispiel herausgreifen. Normalerweise bilden wir uns ein, die Dinge seien so, wie wir sie mit unseren Sinnen erkennen können. Wir halten das, was wir sehen, für objektiv gegeben. Doch wenn es wirklich so wäre, dann drehte sich die Sonne um die Erde, denn nur so können wir sie wirklich wahrnehmen. Kant in der Vorrede zur 2. Auflage seiner »Kritik der reinen Vernunft« tat es dem Altmeister Kopernikus gleich, »der, nachdem es mit der Erklärung der Himmelsbewegungen nicht gut fort wollte, wenn er annahm, das ganze Sternheer drehe sich um den Zuschauer, versuchte, ob es nicht besser gelingen möchte, wenn er den Zuschauer sich drehen und dagegen die Sterne in Ruhe ließ.« Kant wendet also wie Kopernikus die Beobachtungsrichtung um. Er ließ die Außenwelt in Ruhe und lehrte daher: Wir sehen nicht, wie die Dinge wirklich sind, wir sehen sie nur so, wie sie sich uns nach der »Beschaffenheit unseres Anschauungsvermögens« zeigen. Mit dieser grundlegenden Aussage begründete Kant eine Vernunft, die genau unterscheiden konnte, einerseits zwischen dem, was von außen auf uns einwirkt, was wir mit unseren Sinnen empirisch erfahren können (»Der bestirnte Himmel über mir«) und andererseits dem, was von vornherein (a priori) in uns schon angelegt ist (»das moralische Gesetz in mir«), beides muss der Mensch »mit dem Bewusstsein seiner Existenz« miteinander verbinden.

Wir wissen, dass z. B. die Fledermaus, die gewissermaßen mit den Ohren »sieht«, die Welt auf andere Weise wahrnimmt als der Mensch. Selbst der Hund, der sich sehr stark über die Nase orientiert, würde, wenn er könnte, seine Umgebung anders beschreiben, als wir es gewohnt sind. Wo Menschen von den strahlenden Augen einer Frau schwärmen, würde ein Hund ihre Düfte bejaulen, soweit sie nicht industriell hergestellt sind. Frei nach Kant können wir sagen, der Hund hat ein anderes Anschauungsvermögen (Anriechungsvermögen) a priori mitbekommen. Wenn Mensch, Hund und Fledermaus gleichzeitig mit gleicher Blick-,

Riech- und Hörrichtung etwas Verschiedenes wahrnehmen, liegt es also an ihnen selbst und nicht am Objekt. Spirituelle Erlebnisse verwies Kant in das Reich der Fabel. Denn wenn wir Gott überhaupt nicht mit den Sinnen wahrnehmen können und trotzdem an ihn glauben wollen, dann muss er wohl in unserem Innenleben wohnen, als Teil der uns mitgegebenen Vernunft und Moral. Kant schrieb 1766 ein Buch über die okkult-mystischen Anschauungen des schwedischen Mediziners und Naturforschers Emanuel Swedenborg (1688–1772). Darin meinte er, eigentlich sei es geboten, sich »mit vorwitzigen oder müßigen Fragen gar nicht zu bemengen und sich an das Nützliche zu halten«. Wenn Kant dennoch über die Träume und Visionen dieses »Geistersehers« schrieb, so nur deshalb, um nachzuweisen, dass man dort, wo man nichts zu suchen hat, auch nichts finden kann. Kants »Anschauungsvermögen« hatte für solche Angelegenheiten keine Antenne, er hielt sich an das Nützliche und verdammte damit gleichzeitig das »vorwitzige und müßige«, also das unnütze Denken.

Kants Nachfolger Fichte, Hegel und insbesondere Schelling, die auf dem Boden des Idealismus und der Romantik standen, hielten sich nicht an Kants Nützlichkeitserwägungen. Sie befassten sich, teilweise unter großen Anfeindungen durch die am Kant'schen Denken geschulten Professoren, mit scheinbar unnützen Gedanken. Der Kant'sche Vernunftgott ging ihnen auf die Nerven. Diese Opposition wird besonders deutlich erkennbar an einem Satz Schellings: »Es ist ein Greuel, Gott aus der Sittlichkeit folgern zu wollen. Nicht etwa nur, weil manche die Annahme eines Gottes nützlich finden als eines Mittels zur Moralität. Solche Menschen pflegen alles ökonomisch anzusehen, Gott ist ihnen ein Hausmittel, das jeder brauchen kann, um sich vermittelst desselben in der Moral zu stärken, die so viel Mühe kostet.« Das ist Kant in dessen Todesjahr 1804 in einer Würzburger Vorlesung geradezu ins Gesicht geschleudert. Schellings Alternative: »Die Seele soll ganz eins werden mit Gott und eben dadurch mit sich selbst.« Gott ist für ihn nicht nur in uns, sondern in der Welt und über der Welt, ein geistiges Phänomen, das mit der Vernunft allein nicht zu erklären ist.

Kants Unterscheidung zwischen innerer Bewertung und äußerer Gestalt funktioniert in der Theorie sehr gut. Sie gilt auch heute in der Naturwissenschaft unausgesprochen noch als verbindlich. In der Praxis bleibt das Problem, wie wir die beiden Einflussgrößen – die von innen und die von außen – auseinanderhalten, denn oft muss auch der Forscher sich eingestehen, ihm bleibe nichts anderes mehr übrig, als zuzugeben, dass gewisse Vorgänge in der Natur überhaupt nicht objektiv zu ermitteln sind, sondern dass sie sich danach richten, wie die Versuchsanlage funktioniert und wie der Forscher sie überhaupt wahrnehmen und beurteilen kann. Die Wirklichkeit, falls es sie überhaupt gibt, bleibt ihm verschlossen.

Dies gilt insbesondere in der Kernphysik. Diese Einsicht greift um sich: Vernunft ist keine sichere Ausgangsbasis zur Lösung aller Probleme. Vieles kann nur erfasst werden, durch eine Weisheit, die in der Lage ist, in manchen Grenzfragen Vernunftgründe hinter sich zu lassen, mag dieses Denken auch im Sinne Kants als »vorwitzig und müßig« erscheinen.

Niemand kann und darf versuchen, die Lichter der Aufklärung zu löschen, doch manche Gestalten und Gedanken erscheinen nach wie vor im Dunklen. Das Neue erwächst aus der ersten Morgendämmerung, die Langschläfer bemerken es erst im grellen Sonnenlicht.

Merksätze 1

Denker empfangen und säen den ungreifbaren Geist, doch die Welt muss nützliche Früchte tragen.

Zielloses Denken kann manchmal zu Zielen führen, die wir erst dann als Ziel erkennen, wenn wir angekommen sind.

Bei Autopannen kann man sich notfalls in die Werkstatt abschleppen lassen. Bei Denkpannen ist das nicht ganz so einfach.

Das Nützliche liegt nicht auf dem geraden Weg vor uns, es sind die scheinbaren Abwege, auf denen wir es suchen müssen.

Wer am Denken spart, spart sich arm.

Die Schmerzgrenze beim Zuviel an Geld wird weniger heftig empfunden als die bei zu wenig.

Viele haben Angst, einen leeren Kopf zu bekommen, wenn man ihnen eine alte Wahrheit nimmt.

Übermäßiger Mediengebrauch ist eine geist-empfängnisverhütende Maßnahme.

Eine Wahrheit ist ein Nichts, wenn man sie nicht als Wahrheit erkennt.

Die Musen küssen nur den, der Muße hat.

Auch durch einen gescheiterten Versuch kann man gescheiter werden.

Der Vorausdenker durchstöbert auch geistige Papierkörbe.

Der Mensch sollte nicht unter das Niveau tierischer »Ethik« absinken, was leider immer wieder geschieht; dann spricht man von bestialischem Verhalten, womit man den Tieren Unrecht tut.

Die Zukunft lässt den, der sich auf sie einstellt, gelegentlich ihre schwachen Signale erkennen.

Jeder Erfolg wächst aus einem erfolglosen Umfeld.

Wo Irrtum die Norm ist, muss der Einzelne einen Irrtum weniger begehen, wenn er am Ziel ankommen will.

II. Teil

Die Herrschaft der Nützlichkeit

Nutzen Nutzen über alles

*Die genetische Last als Gefahr
für den Menschen*

Auf seine Instinkte kann sich der Mensch schon längst nicht mehr verlassen, denn die stammen aus einer Welt, die der menschliche Verstand beseitigt hat. Doch immer noch wollen *sie* uns beherrschen und es kommt darauf an, dass *wir* sie beherrschen. Kann uns das weltweit allmählich gelingen? Es scheint so einfach zu sein: Nützliches ist gut und alles was uns nicht nützt, lässt sich vernachlässigen. Wenn es uns gar stört, können wir es vernichten. Mit dieser Grundeinstellung sind Mensch und Tier durch die Evolution gekommen. Was für die Dinge des äußeren Lebens gilt, das beherrscht auch das menschliche Denken. Selbst die smartesten Manager, Filmschauspieler und Erfolgssportler laufen heute noch mit ihren Steinzeit-Genen herum, auch wenn sie der Inbegriff des Modernen zu sein scheinen. Kann man sie mit einem Bügeleisen entlarven? Leider nur sehr indirekt, doch einige Zusammenhänge lassen sich immerhin herstellen.

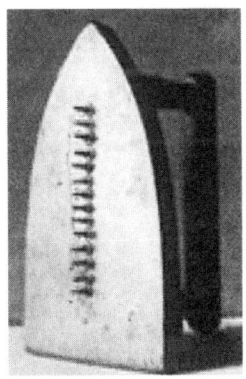

Das Bügeleisen, das 1921 als »Geschenk« der Künstler und Fotograf Man Ray (Emanuel Radinsky, 1890–1976) geschaffen hat, ist weltberühmt geworden. Es ist eine Anti-Erfindung, die zu nichts, aber auch gar nichts dient, allenfalls um sich darüber zu ärgern, wenn irgendein Irrer damit bügeln wollte. Seine glatte Unterfläche ist nämlich von einer Reihe nach außen stehenden Nägeln durchbohrt. Es ist ein Meisterwerk der Nonsens-Kultur, die auch uns noch etwas zu sagen hat, um uns aus unserem alles beherrschenden Kosten-Nutzen-Wahn zu befreien. Wer eine Nachbildung dieses Fakir-Bügeleisens erwerben möchte, muss dafür mehr zahlen als für ein modernes Bügeleisen mit allen technischen Schikanen.

Als Reaktion auf den zunehmenden Materialismus und Positivismus bahnte sich schon in den Jahren vor dem Ersten Weltkrieg in Europa eine geistige Revolution an. Verschiedene Kunstrichtungen tauchten auf, die bald miteinander in Berührung kamen: Kubismus, Dadaismus und Surrealismus. Die Künstler, die sich diesen Richtungen anschlossen oder ihnen nahe standen, zeigten der Welt den Unsinn, das Unwirkliche, das Nutzlose, das Anarchische. Es waren nicht Horrorvisionen wie bei Goya, ihr Unsinn bediente sich oft kühler Gestaltung. Bekannt ist auch Man Rays weiblicher Rückenakt, den er als Violine umfunktionierte. Der friedliche Protest dieser Kunst hielt der Welt einen Zerrspiegel vor, der ihre sorgsam gepflegte Rationalität ad absurdum führte.

Berühmt geworden sind auch Salvador Dalís wie schmelzendes Wachs herunterhängende Uhren. Nicht zu vergessen ist der vielleicht bedeutendste Einbruch in die scheinbar heile Kunstwelt durch den damals 25jährigen Pablo Picasso mit seinem konsequent kubistischen Bild »Les Demoiselles d'Avignon« (1906). Er verletzte damit sämtliche Regeln der Kunst, die sich im Laufe von weit über 2000 Jahren entwickelt hatten. Obwohl Picasso diese Regeln lebenslang noch beherrschte, wurde er gerade wegen seiner Bilder, die Menschen und Dinge auf eine provozierende Weise entstellten, angefeindet und in aller Welt ge- und berühmt. Die Kunst, die traditionsgemäß zunächst Kultfiguren und später allgemein das Schöne, Edle und Erhabene dargestellt hatte, wandelte sich unter dem Einfluss dieser Künstler in ihr Gegenteil. Ihre einstige Nützlichkeit als Darstellerin der menschlich gesehenen Wirklichkeit trat sie an die Fotografie ab.

Worum geht es denn bei der Nützlichkeit? Im Grunde ist sie ein Mittel zum Überleben als Individuum und als Art. Darin unterscheiden sich Mensch und Tier nicht. Doch treibt man die bestehenden Unterschiede auf die Spitze, dann bleibt zugunsten des Menschen vielleicht nur noch seine Fähigkeit, sich aus dem Zwang zum nutzorientierten Handeln zu befreien, etwas zu tun und zu genießen, was ihm nicht dient, vielleicht sogar schadet, wenn es ihm einfach nur Spaß macht. Und selbst da können wir uns nicht sicher sein, vielleicht kann auch ein Tier Nutzloses genießen. Leider können wir uns über dieses Thema mit Tieren nicht unterhalten.

Geht man ein Stückchen in der Evolution des Geistes zurück, dann galt: Wer reich ist, hat mehr zu essen, muss also nicht Hunger leiden, kann sich ein größeres Haus, somit mehr Frauen leisten und mehr Kinder zeugen als ein Armer. Reichtum brachte einen evolutionären Vorteil. Kurz gesagt: Reichtum anhäufen ist nützlich. Zunächst bestand der Reichtum aus Vieh. Das Rindvieh hieß auf Lateinisch pecus, daher stammt das Wort pecunia für Geld. Man kann solche einfachen Gedanken noch weiterführen. Auch Kunst, Literatur und Musik in ihrer ursprünglichen Form dienten nicht nur dazu, die Götter zu beeindrucken, sondern auch das andere Geschlecht, mit schön geschmückten Hütten, spannenden Erzählungen und lockenden Gesängen. Nun haben sich die Verhältnisse in zivilisierten Ländern seit der Zeit, als diese einfachen Zusammenhänge noch ihre volle Gültigkeit hatten, geändert. Wirklich?

Was die Evolution in die Gehirne gebannt hat, blieb in ihnen haften bis in die Gegenwart, es kann nur über kulturelle Traditionen und ein entsprechendes Bewusstsein überwunden werden, doch Grundtriebe dringen immer wieder in den Vordergrund. Was für den Einzelnen gilt, gilt auch für die Menschheit: »Jung gewohnt, alt getan.« Die Gier nach Geld ist ein archaischer Rückstand im Menschen, der wie das Tier nichts anderes im Sinn hat, als zu fressen und sich möglichst zahlreich fortzupflanzen. Oder noch kürzer gesagt: Geldgier half ursprünglich dazu, Essen und Sex zu vermehren. Dieser Trieb ist den Menschen auch da geblieben, wo die Sucht, Geld anzusammeln, nur noch als Ersatzbefriedigung dient.

Die Frage, ob und wie die Menschheit überleben kann, wenn sie sich im Wesentlichen auf den durch Geld kompensierten Fress- und Zeugungstrieb beschränkt, ist nicht neu. Der französische Kurierflieger und Dichter Antoine de Saint-Exupéry (1900–1944), wäre nach einer Bruchlandung in der libyschen Wüste beinahe verdurstet und verhungert. Bei diesem unfreiwilligen Abenteuer ohne Trinken und feste Nahrung beobachtete er an einem Morgen einen Fenek, das ist ein kleiner Wüstenfuchs mit Riesenohren, wie er sich ernährte. Es gab dort nämlich alle hundert Schritte schüsselgroße dürre Bäumchen, deren Zweige voll von kleinen Schnecken waren. Das Füchslein naschte nicht von allen Bäumchen, sondern nur von manchen, und auch dann nahm es nur wenige Schnecken und wanderte zu einem anderen, fraß dort auch nur ein paar Schnecken und ließ die meisten zurück, bevor es weiterzog. Saint-Exupéry machte sich Gedanken über dieses Verhalten. »Wenn der

Wüstenfuchs sich am ersten Baum sattfräße, wäre in zwei oder drei Mahlzeiten die ganze lebende Last heruntergeholt. (…) Fräße er nach seinem Hunger, stürben die Schnecken aus, und wenn die Schnecken verschwunden wären, hätte es auch mit den Feneks ein Ende.«

Kann es sein, dass ein Tier ein Vorbild an »nachhaltiger Ernährungswirtschaft« ist und auf etwas verzichten kann, was sich ihm anbietet? Ich halte das für sehr unwahrscheinlich, statt dessen vermute ich, dass die Schnecken des überfallenen Bäumchens eine Überlebensstrategie entwickelt haben, die darin besteht, bei Gefahr einen unangenehmen Geruch auszusondern, vielleicht sogar einen Giftstoff, der dem Fenek schon bald den Appetit auf weitere Schnecken dieses Bäumchens verdirbt. Wie dem auch sei, die Natur sorgt für eine Nutzungsbremse, sie verhindert das Aussterben der Schnecken und Feneks dadurch, dass sie die Nutzung einschränkt, in dem Sinne: Du darfst nicht alles machen, was du könntest und gerne wolltest. Die »Ethik« des Feneks ergibt sich auf natürliche Weise aus seiner Symbiose mit den Schnecken. Aus solchen Fesseln hat sich der Mensch von Anfang an zunehmend befreit. Jetzt ist er selbst verantwortlich für das, was er mit der Erde anrichtet und wie er sie nützt. Er muss wissen, was er darf und was er nicht darf. Wenn der Baum der Erkenntnis im Paradies unappetitlich gerochen hätte und die Schlange die Eva nur feindlich angezischt hätte, wäre auch manches anders gelaufen. Doch anscheinend weiß es der Mensch nicht, den Angstschweiß der Natur übertönt er mit Wirtschaftsdaten, Chemie und genetischen Eingriffen.

Der Skandal unserer Zeit besteht darin, dass die Menschheit es insgesamt immer noch nicht geschafft hat, zu diesem alles beherrschenden Grundsatz wirksame Alternativen herauszubilden, die die Weltwirtschaft beeinflussen könnten.

Was den Wüstenfüchsen gelingt und sei es mit Hilfe des »Angstschweißes« der Schnecken, das müsste doch der Mensch auch irgendwann einmal fertigbringen, denn die ethischen Grundlagen, die dem dienen könnten, sind bekannt, wenn man so will, seit Adam.

Herbert Marcuse hat sich in seinem einstigen Kultbuch »Der eindimensionale Mensch« (1964), das auch heute, Jahrzehnte nach seinem Erscheinen in Amerika, immer noch aktuell ist, grundlegend auch zu solchen Themen geäußert. Für ihn ist es die »technologische Rationalität und die Logik der Herrschaft«, die es zu überwinden gilt. »Die Grenzen dieser Rationalität und ihre unheilvolle Kraft erscheinen in der fortschreitenden Versklavung des Menschen durch einen Produktionsapparat, der den Kampf ums Dasein verewigt und zu einem totalen, internationalen Kampf ausweitet, der das Leben jener zugrunde richtet, die diesen Apparat aufbauen und benutzen.«

Gewiss, das klingt edler, als wenn nur von den Urtrieben die Rede ist. Doch im Grunde dienen auch die von Marcuse beschworenen Begriffe wie Rationalität und Produktionsapparat nur dem Geld. Es ist zu fragen, ob es nicht einen evolutionären Ruck in der Menschheit geben könnte, der sie von ihrer genetisch bedingten Prägung befreien könnte, alles für rational zu halten, was nicht nur der Ernährung, sondern auch zusätzlich dem Gelderwerb dient. Vielleicht ist diese Befreiung in uns schon angelegt, sie kann sich nur noch nicht in dem Maße auswirken, wie es nach derzeitigen Erkenntnissen notwendig wäre, um die Lebensgrundlagen der Menschheit zu sichern. Dies hat einen Grund: Die Wirtschafts- und Geldpolitik wird nicht von gewählten Politikern bestimmt, sondern sie ist in der Hand von Managern und meist anonym bleibenden Lobbyisten, die im modischen Gewand das Gehirn von Fossilien benutzen, die noch aus der Frühzeit des Homo sapiens stammen. Ihr einziges Ziel ist die Vermehrung des ihnen anvertrauten Geldes. Diese Menschen sind ebenfalls nicht frei, auch sie sind Opfer der »fortschreitenden Versklavung«, denn das weltweite Finanzsystem ist immer noch so ausgerichtet, dass ethisch höher entwickelte Menschen sich dort nicht halten können.

Die Vorausdenker sagen es schon seit Jahrzehnten. Das von der Wirtschaft propagierte und angestrebte Wachstum wird ein natürliches Ende nehmen müssen, wenn der Erdball voll zersiedelt sein wird, es sei denn, wir gründeten Kolonien auf dem Mond. Epochemachend war 1972 der von Dennis Meadows herausgegebene Bericht des »Club of Rome« über »Die Grenzen des Wachstums«. Das Buch hat viele zum Nachdenken und wenige zum Handeln geführt. Obwohl manches in diesem Bericht zu düster dargestellt war, hätte er viel mehr bewirken müssen, um die Ressourcen der Welt zu erhalten. Ernst Friedrich Schumachers Buch »Die Rückkehr zum menschlichen Maß« (Small ist beautifull) ist 1977 erschienen. Es enthält vielerlei konkrete Strategien als Alternativen zum ständigen Wirtschaftswachstum, doch geschehen ist nichts. Weder Politik noch große Unternehmungen befassen sich mit den dort angeschnittenen Problemen. Sie sind gefangen in einem unregierbaren weltweiten Chaos, in dem ohne zentrale Steuerung jeder gegen jeden kämpft, ein Zustand, den die Menschheit bislang nur *innerhalb* eines zivilisierten Staates durch ein geordnetes Rechtssystem überwinden kann.

Die Frage, ob das biologische Wesen Mensch seiner Zukunft gewachsen ist, beschäftigte auch den Biologen Friedrich Cramer, der einem seiner Bücher den aussagekräftigen Titel gab: »Fortschritt durch Verzicht.« (1982) Viele andere Wissenschaftler und Autoren fordern seit Jahren ein grundsätzliches Umdenken, das sich insbesondere auch in politischen Entscheidungen zeigen müsste. Teilweise hatten sie Erfolg, doch eine am möglichst sofort greifbaren Nutzen orientierte Politik tut sich schwer mit konsequentem Handeln auf diesem Gebiet, zumal man den Verzicht auf etwas den Wählern »verkaufen« müsste.

Vielleicht gehörten Menschen wie Man Ray mit seinem Bügeleisen zu den Propheten einer vom archaischen Zweckrationalismus befreiten Welt. Ob man in dieser Welt allerdings wieder ganz auf das Bügeln verzichten sollte, das muss offen bleiben. Wenn nämlich das unnütze Denken durch die Hintertür wieder nützlich sein soll, verliert es seine vom Widerspruch lebende Existenz.

Unser bescheidener Beitrag zu dieser auf manchen Nutzen verzichtenden Entwicklung besteht darin, dem zunächst nicht rationalen, für nutzlos gehaltenen Denken die gebührende Reverenz zu erweisen. Das kann allerdings nicht immer zu einer solch radikalen Einstellung führen, wie sie der russische Mathematiker Grigori Perelman (geb. 1966) an den Tag legt. Er hat ein hundert Jahre altes mathematisches Rätsel im Alleingang gelöst, für das ein Preisgeld von einer Million Dollar ausgeschrieben war. Außerdem sollte ihm in einem Festakt eine Medaille vom spanischen König verliehen werden. Mit der Ehrung verbunden waren Angebote von amerikanischen Universitäten, schließlich hatte der Mathematiker zeitweise in den USA studiert. Ihm stand eine wissenschaftliche Karriere offen, von der jeder Student nur träumen kann. Perelman lehnte alles ab, das interessiere ihn nicht, sagt er. Er lebt und forscht zurückgezogen in seiner russischen Heimat. Sein Verhalten trotzt in seiner Widerborstigkeit dem angeborenem Streben nach materieller Nützlichkeit, es stammt aus der gleichen Denkweise wie das Bügeleisen von Man Ray.

Mister Mills zufriedene Schweine

*Die englische Philosophie
der Nützlichkeit*

Es waren Engländer, die das Thema Nützlichkeit in die Philosophie einbrachten. Provozieren galt schon im 18. Jahrhundert zwar als modern, doch alles andere als nützlich, außer natürlich für einen Buchautor. Moralisch war das schon gar nicht. Ein berühmter Provokateur war der aus den Niederlanden stammende, in England lebende und publizierende Philosoph Bernard Mandeville (1670–1733). Berühmt und berüchtigt wurde er mit seiner »Bienenfabel«, einem rund dreizehn Seiten langen Gedicht mit dem Titel: »The Grumbling Hive or Knaves turn'd honest« (1705), auf Deutsch: »Der grollende Bienenstock oder Die ehrlich gewordenen Spitzbuben«.

»... Das Leben dieser Bienen glich
Genau dem unseren, denn was sich
Bei Menschen findet, das war auch
En miniature bei ihnen Brauch ...«

Am Ende fasst Mandeville den Sinn des Gedichts als »Moral« zusammen, darin heißt es:

»Stolz, Luxus und Betrügerei
muss sein, damit ein Volk gedeih'.«

Dies bedeutet nicht mehr und nicht weniger als das, was Mandeville seinen später veröffentlichten sehr ausführlichen Kommentaren über seine Fabel voranstellt: »Private Laster, öffentliche Vorteile.« Nur mit lasterhaften Menschen kann eine Gesellschaft gedeihen, oder: Auch die Schurken sind nützlich. Solche Thesen schlugen ein wie eine Bombe. Professoren und Fuhrknechte diskutierten und stritten sich über sie. Damit nicht genug, 1720 veröffentlichte Mandeville einen nicht minder provozierenden Text mit dem Titel »Freie Gedanken über die Religion, die Kirche und die Nationale Glückseligkeit« und 1723 eine ausführlich kommentierte Neuauflage der Bienenfabel. Das war zu viel für den frommen Staat, es gab einen Skandal. 1723 wurde Mandevilles Verleger der Prozess gemacht wegen Untergrabung der öffentlichen Moral und Beförderung der allgemeinen Zuchtlosigkeit. Dem Autor wurde vorgeworfen, sein Buch sei unzüchtig, gottlos und rufe öffentlich zum Laster auf. Wie nicht anders zu erwarten, führten diese Angriffe zu einem beachtlichen Bestsellererfolg. Und Mandeville gab natürlich nicht auf. Es folgte: »Eine Bescheidene Streitschrift für Öffentliche Freudenhäuser oder: Ein Versuch über die Hurerei wie sie jetzt im Vereinigten Königreich praktiziert wird« (1724). Mandeville wollte sich nützlich und moralisch zeigen, daher meinte er, Knaben sollten das Onanieren lassen, dafür sei es besser, wenn sie gelegentlich von öffentlichen Mädchen in die Schule der Liebe eingewiesen würden; und überhaupt der allgemein üblichen Herumhurerei könne man nur Einhalt gebieten, wenn es überall öffentlich kontrollierte Freudenhäuser gebe. Diese Art von Moral wurde von den meisten damals nicht nur nicht verstanden, sondern als amoralisch bewertet.

Immerhin ist einiges von Mandevilles freier Moral in der Gesellschaft hängen geblieben. Vielleicht war sein Einfluss viel stärker, als wir heute annehmen. Der aus einem Berliner Pfarrhaus stammende Komponist Johann Christoph Pepusch (1667–1752), ein Zeitgenosse von Bach und Händel, hatte großen Erfolg mit seiner Bettleroper (»The Beggars Opera«, 1728) nach einem Text von John Gay. Die zweifelhafte Moral von Pepuschs Bettleroper beeinflusste ziemlich genau zweihundert Jahre später Bertolt Brecht und Kurt Weill bei ihrer »Dreigroschenoper«, die die Londoner Schurken von damals in die Unterwelt einer modernen Großstadt verfrachteten.

Dieses Gedankengut und die Frage nach dem Nutzen wirkte weiter über das 18. Jahrhundert hinaus bis in die Gegenwart. Jeremy Bentham (1748–1823) schrieb in seiner »Einführung in die Prinzipien der Moral und der Gesetzgebung« (1789): »Das Prinzip der Nützlichkeit ist die Grundlage jeder normativen Beurteilung, es bedarf selbst keines Beweises: Eine Handlung ist zu billigen oder nicht – je nachdem, ob sie die Tendenz hat, das Glück derjenigen, deren Interessen in Frage stehen, zu mehren oder nicht. Das Interesse der Gemeinschaft ist die Summe der individuellen Interessen. Daher ist das höchste moralische Gut, das größte Glück der größten Anzahl von Menschen.« Mit solchen Thesen wurde Bentham zum Begründer des klassischen Utilitarismus (nützlich heißt auf lateinisch utilis). Ins Schleudern kam Bentham allerdings, wenn er genauer erklären wollte, worin denn Glück und Vergnügen (»happiness« und »pleasure«) der unterschiedlichsten Individuen bestehen sollten. Da er radikal dachte, meinte er: »Wenn Kegeln und Poesie gleich lustvoll sind, dann sind sie auch gleich gut.« Mit andern Worten: Gut und nützlich ist, was den Leuten Spaß macht.

Solche vordergründigen Nützlichkeitserwägungen waren in der besseren Gesellschaft Englands im 19. Jahrhundert, insbesondere in der Viktorianischen Ära, nicht mehr salonfähig. Sie galten als anstößig und unmoralisch. Benthams Nachfolger John Stewart Mill (1806–1873) versuchte in seinem Werk »Der Utilitarismus« (1861), in dem er zugleich diesen Begriff einführte, dies abzumildern und zurechtzurücken, man könnte auch sagen, zu verwässern. Mill machte aus dem unnützen Nützlichkeitsprinzip eine scheinbar nützliche Angelegenheit. Da er die radikalen Grundsätze Benthams nicht ausdrücklich opfern wollte, musste er deren sämtliche Ecken und Kanten abschleifen und den Rest aufpolieren. Das ging so weit, dass bei ihm alles wieder moralisch klingen konnte. Lust und Glück, ja, doch worin bestehen sie? Im moralischen Leben. So einfach ist das. Mill definiert die Moral »als die Gesamtheit der Handlungsregeln und Handlungsvorschriften, durch deren Befolgung ein Leben der angegebenen Art für die gesamte Menschheit im größtmöglichen Umfange erreichbar ist.« Und das Leben der »angegebenen Art« besteht darin, nicht nur für das eigene, sondern auch für das Wohl der anderen zu sorgen und möglichst frei von Unlustgefühlen zu sein. Da war er wieder beim uralten Ausgangspunkt angelangt: Wer fleißig arbeitet, und nicht nur für sich, sondern auch für andere sorgt und opfert, lebt glücklich, weil er seine moralischen Pflichten erfüllt und sich nichts vorzuwerfen hat. So etwa kann man das verstehen. Und wo bleiben die viel beschworenen Lustgefühle? Die hatte Mill in seiner Schrift schon zuvor mehr oder weniger auf ein Minimum zusammenphilosophiert. »Es ist besser ein unzufriedener Mensch zu sein als ein zufriedenes Schwein; besser ein unzufriedener Sokrates als ein zufriedener Narr.« Da bleibt nur noch die Frage, welchen Nutzen hat eine Gesellschaft von einem unzufriedenen Sokrates? Selbst Sokrates war doch ein zufriedener Mensch und trotzdem ließ ihn der Staat umbringen. Die

Athener fanden sein Denken ganz und gar nicht nützlich, sondern ausgesprochen schädlich. Wenn Mill wirklich ganz offen gewesen wäre beziehungsweise hätte sein dürfen, dann hätte er zugestehen müssen, dass es für die Regierenden doch recht gut aussieht, wenn sie ein Volk zufriedener Schweine unter sich haben. Man stelle sich vor, die Gesellschaft bestünde aus einer Versammlung unzufriedener Sokratesse, das wäre doch die Hölle!

Man muss den hier vorgestellten Engländern zugutehalten, dass sie von Glück und Zufriedenheit als den Zielen der Nützlichkeit sprachen. Von Geld ist bei ihnen nicht die Rede. Die Frage nach dem in Geld bestehenden Wohlstand blieb einem Schotten vorbehalten, es war der bedeutende Philosoph Adam Smith (1723–1790). Mit seinem Werk »Der Wohlstand der Nationen« forderte er eine Abkehr von dem damals üblichen staatlichen Dirigismus. Nicht der von staatlichen Weisungen gegängelte Unternehmer sorgt für den Wohlstand, sondern der eigentlich als unmoralisch geltende Eigennutz. »Alle, die jemals vorgaben, ihre Geschäfte dienten dem Wohl der Allgemeinheit, haben meines Wissens niemals etwas Gutes getan. Und tatsächlich ist es lediglich Heuchelei, die unter Kaufleuten weit verbreitet ist, und es genügen schon wenige Worte, um sie davon abzubringen. Der einzelne vermag ganz offensichtlich aus seiner Kenntnis der örtlichen Verhältnisse weit besser zu beurteilen, als irgendein Staatsmann oder Gesetzgeber das für ihn tun kann, welcher Erwerbszweig im Lande für den Einsatz seines Kapitals geeignet ist.« In diesem Zusammenhang steht auch Smiths populärster Satz, in dem er behauptet, der Unternehmer werde »von einer unsichtbaren Hand geleitet, um einen Zweck zu fördern, den zu erfüllen er in keiner Weise beabsichtigt hat.« Das heißt etwa: Eigennutz dient allen, wie das funktioniert, darüber braucht man sich keine Gedanken zu machen, das erledigt eine unsichtbare Hand, die auch Smith selbst nicht erklärt und definiert.

Mit solchen Forderungen wurde Smith zu einem Begründer der Volkswirtschaftslehre und des Liberalismus. Was für die damalige Zeit neu, revolutionär und zukunftsweisend war und erst nach und nach verstanden wurde, könnte auch noch heute gelten, wenn es im Sinne unserer inzwischen ganz anderen Verhältnisse richtig verstanden würde. Doch dem ist leider nicht so. Weltweit agierende Großkonzerne haben eine noch viel stärkere Macht als damalige Herrscher, die sich dem wirtschaftlichen Dirigismus verschrieben hatten und versuchten, Handwerkern und Kaufleuten möglichst genau vorzuschreiben, was, wann und wo sie zu welchen Preisen herzustellen und zu liefern hatten. Globale Unternehmen mimen heute die »unsichtbare Hand«, deren Entscheidungen mitunter rücksichtslos sind. Denn sie zerstören durch weltweite Maßnahmen die lokalen und dezentralen Unternehmensstrukturen, um die es Smith ging. Solche globalen Unternehmen berufen sich auf einen Liberalismus, der ihnen die Freiheit verschafft, dem Staat die Instrumente der Wirtschaftslenkung und – Begrenzung zu entreißen. Doch durch ihre Übermacht missbrauchen sie den Liberalismus, dem sie ihre Existenz verdanken und zerstören ihn auf diese Weise nach und nach. Wenn Adam Smith heute lebte, würde sich die Zielrichtung seiner Thesen erheblich verschieben. Die von ihm beklagte Heuchelei gibt es immer noch, sie äußert sich nur anders, wie wir im Abschnitt über »Turboritter« sehen werden. Smiths »unsichtbare Hand« ist gichtbrüchig geworden, sie dient schon längst nicht mehr dem »Wohlstand der Nationen«. Statt ihrer herrschen die, die ihr überflüssiges Geld auf der ganzen Welt herumkutschieren, ständig auf der Suche nach Geld-Parkhäusern, in die man mit einem Trabbi hinein- und mit einem Rolls Royce hinausfahren kann. Geld ist immer unterwegs, unternehmerische Verantwortung nicht.

Gemeinsame Ursache dieser weltweiten Probleme ist eine krankhafte Denkverengung. Der eigentliche Nutzen allen Handelns und Denkens wird direkt oder indirekt in Geld gemessen. Diese Krankheit ist nur schwer heilbar. Nationale Gesetze bewirken nichts, internationale – wenn wir sie hätten – könnten manche Auswüchse verhindern. Doch Linderung kann nur durch immer wieder neubelebte menschheitsalte Weisheit, wie sie fast alle Religionen lehren, geschehen. Das wäre ein geistiger Prozess, der nur um sich greifen könnte, wenn es beachtete Vorbilder gäbe, die sich aus dem Zwang zum Kosten-Nutzen-Denken befreien.

Mozart als Nutzobjekt

Musik im Dienst von Wirtschaft und Gesundheit

Mozarts Musik ist zwecklos, genauso wie die aller anderen ernst zu nehmenden Komponisten von Monteverdi bis Cage. Sie erhebt keinen Anspruch auf Nützlichkeit. Doch daran bestehen Zweifel. Sie beginnen schon mit den Mozartkugeln, deren Süßigkeit völlig unmozartisch schmeckt, sie verschaffen uns wie Musik einen Genuss, ohne nützlich zu sein. Allerdings mit einem wesentlichen Unterschied, den ich persönlich empfinde. Nach der dritten oder vierten Mozartkugel bekomme ich vorübergehend ein unangenehmes Gefühl im Magen, nach der dritten Mozartsonate, die ich höre oder spiele, macht sich Wohlgefühl breit, von dessen allgemeiner Nützlichkeit ich allerdings andere, die dabei nur musikalisches Geräusch hören können, nicht überzeugen kann. Manchmal komme ich auf den völlig abstrusen Gedanken zu überlegen, was aus dem Wolferl geworden wäre, wenn Leopold Mozart sich nicht als Geigenlehrer, sondern als Zuckerbäcker betätigt hätte, und der Sohn das väterliche Handwerk hätte lernen müssen. Wie würden dann heute die Mozartkugeln aussehen und schmecken?

Alle wahre Kultur hat mit zwecklosen und überflüssigen Bemühungen begonnen. Daran hat sich seit Menschengedenken nichts geändert. Sie ist ein Spiel im wahrsten Sinne des Wortes geblieben, auch wenn man das werbende Liebesspiel mit hinzurechnen kann. Maler, Musiker und Dichter betreiben ihr Hand- bzw. Kopf-, Mund- und Denkwerk ohne Rücksicht auf den unmittelbar daraus folgenden Nutzen für die Menschheit, ihre Ernährung und – mit der genannten erotischen Einschränkung – Vermehrung. Am Anfang der menschlichen Kultur, soweit wir Zeugnisse davon haben, standen rituelle Götter- und Totenkulte, ob und wie dazu gesungen und getanzt wurde, das ist für ewig vergangen. Ahnungen konnten nur die Ethnologen vermitteln, die bei abgeschiedenen, auf einer frühen Kulturstufe lebenden Stämmen forschten.

Doch dann im Lauf der Menschheitsgeschichte melden sich die Nützlichkeitsfanatiker zu Wort. Sie entdeckten, wie man Musik ge- und missbrauchen konnte. Sie komponierten aggressive Marschmusik und Heldengesänge zum Anheizen von Kampfesstimmung. Propagandalieder werden für politische Ziele eingesetzt. Es gibt »Stimmungsmusik«, die je nach Anlass und Gelegenheit lautstark zum beschleunigten Bierkonsum oder, etwas leiser im Hintergrund, zum Kauf von T-Shirts und Kosmetik anregen soll.

Rhythmische Erntegesänge sollten beispielsweise Baumwollpflückerinnen von ihrer eintönigen Arbeit ablenken. Man bemerkte auch, dass Tänze nicht nur den Göttern, sondern auch den Menschen gefallen und gemeinsame Tänze der Geschlechter indirekt auch der Paarfindung und damit der Fortpflanzung dienen können. Schön gemalte oder fotografierte Bilder werben für Mode, Zigaretten, Abführmittel und politische Parteien. Mit Dichtung konnte man den Leuten von Göttern und Helden erzählen, von ihren Taten und Untaten, die die Zuhörer ermuntern sollten, es den Göttern und Helden gleichzutun, oder es lieber doch nicht zu versuchen. Mit solchen nützlichen Kunstabfallprodukten wollen wir uns nicht weiter befassen, sondern mit der oft behaupteten und angeblich bewiesenen Nützlichkeit von Mozartmusik.

Werden Kühe mit Mozart beschallt, dann sollen sie mehr Milch geben. Es wurde allerdings schon vermutet, dass die Klänge in erster Linie auf die Melker wirken, die mit Musik zum besseren Ausmelken angeregt werden. Oder sind es gar die Melkmaschinen, die auf Musik ansprechen? Es wurden Versuche mit verschiedenen Pflanzen angestellt, die man mit Mozart beschallte und die daraufhin anscheinend dankbar mit schnellerem Wachstum reagierten. In Kalifornien will man in einer Langzeitstudie ermittelt haben, dass bei Intelligenztests, die mit Mozartmusik untermalt werden, der IQ steigt. Bei einem Wiener Stadtmarathon wurden die Läufer, als sie am Gebäude des Wiener Musikvereins vorbeirannten, mit Mozartmusik animiert: Welch ein Wunder! Sie liefen schneller, und das nicht, um endlich die Geräuschkulisse hinter sich zu bringen, sondern vielleicht, weil sie mehr Freude am tiefen Durchatmen hatten. Beim Autofahren mit Mozartuntermalung passieren weniger Unfälle als mit Wagners Walkürenritt, ganz zu schweigen von Technoklängen. Wie man das ermittelt haben will, bleibt rätselhaft, denn wer legt schon den Walkürenritt auf und rast los, nur um festzustellen, ob er einen Unfall baut. Den Gipfel erreicht hat bislang die koreanische Backwarenfabrik So Hung-soo. Man ließ den Teig für die Crackerherstellung nicht nur mit Hefe, sondern zusätzlich mit Mozart gehen. Und, kaum zu glauben, die Mozartcracker schmecken nicht nur besser als die unmusikalischen, so verkündete der Firmensprecher, sie steigerten auch merklich den Umsatz der Firma. Das ist es doch, wovon die Nützlichkeitsfanatiker in aller Welt träumen. Vielleicht werden demnächst in Supermärkten Backmischungen mit einer anliegenden, den

Geschmack verbessernden CD verkauft. Und da soll Mozarts Musik keinen Nutzen haben!

Bei alledem bleibt ein schales Gefühl, denn man hat den Verdacht, dass es vielleicht nicht der eigentliche Mozart ist, der solche Wunder an Nützlichkeit vollbringt, sondern dass Mozart für viele der Experimentierer der einzige klassische Komponist ist, den sie dem Namen nach kennen, und deshalb verwenden sie gerade ihn als Versuchskaninchen. Bach hat garantiert die gleichen Wirkungen. Man könnte doch einmal versuchen, den Hühnerhof oder die Legebatterie mit Bach, Haydn oder Mendelssohn zu beschallen, um festzustellen, bei wem sie am meisten legen oder die Eier am größten sind. Hier bleibt noch ein großes Feld zur Erforschung musikalischer Nützlichkeit.

Kunst hat etwas mit dem »Schönen« und nicht mit dem »Nützlichen« zu tun. Darüber ließ Platon ausführlich reden, selbst Kant philosophierte darüber, doch eigentlich weiß man auch heute nicht so recht, worin das Schöne eigentlich besteht, ja man zweifelt sogar gelegentlich daran, ob Kunst schön sein muss oder gar, ob sie schön sein darf. Nur in einem ist man sich einig, der materielle Nutzen ist nicht das Ziel der Kunst, wenn man einmal davon absieht, dass auch der Künstler von seinen Werken leben muss und vom Beifall allein nicht satt wird.

Wie steht es mit dem Lernen? Mit Musik kann man in erster Linie lernen, wie man selbst Musik macht und sie versteht. Dass sie einen normalerweise nicht reich macht, konnte schon Mozart erfahren. Er hat von seiner Musik nicht einmal gelernt, wie man ökonomisch mit dem Geld umgeht und ein Jahr vor seinem Tod sein gesamtes Mobiliar verpfändet, nur um bei der Kaiserkrönung in Frankfurt als nobler Herr zu erscheinen, was ihm allerdings keine Aufträge einbrachte. Doch etwas können wir von ihm zumindest lernen, wie Daniel Barenboim es in einem Interview formulierte: »Was wir heute von Mozart lernen können, ist, dass man nicht alles so wahnsinnig ernst nehmen sollte. Jede Situation – und sei sie noch so tragisch oder grässlich – hat auch eine leichte Seite. Das habe ich ganz persönlich von Mozart gelernt. Es ist alles eine Frage der Proportion.« Was Mozart mit seiner Musik erreichen wollte, das wusste er vermutlich selbst nicht. Zu Recht. Er freute sich und war stolz, wenn seine Musik den Leuten gefiel und seine Akademien, Konzerte und Opern ausverkauft waren. Doch was sich hinter diesen Vordergründen verbarg, darüber schien er sich keine Gedanken zu machen, denn alles, was er der Mit- und Nachwelt sagen konnte und wollte, drückte er in Noten aus. Seine schönen Briefe befassen sich nicht mit Musiktheorie, sondern, von Ausnahmen abgesehen, mit alltäglichen Problemen, wenn auch auf seine eigene unnachahmliche Weise. Wenn Musik etwas mit Lernen zu tun hat, dann in ganz anderer, indirekter Hinsicht. Musik weitet und öffnet die Seele. Sie schiebt unseren Erfahrungshorizont weiter hinaus und steigert die Empfänglichkeit für geistige Erlebnisse, deren Wert sich nicht in Worten und Zahlen ausdrücken lässt. Viele große Künstler, Dichter und Wissenschaftler ließen sich durch Musik inspirieren. Es ist erwiesen, dass Kinder – und nicht nur sie, das gilt für alle Menschen –, die sich aktiv musikalisch betätigen, leichter und intensiver lernen. Obwohl Musik nur ganz indirekt etwas mit Mathematik zu tun hat, steigert sie auch beispielsweise die Aufnahmebereitschaft für Mathematik.

Dies ist allerdings keine neue Erkenntnis, davon wusste schon Konfuzius (Kung Fu Tse, 551–479 v. Chr.) im fernen China. Im Buch Yang Ho sagte der Meister: »Meine Kinder, warum lernt ihr nicht die Lieder? Die Lieder sind geeignet, um (den Geist) anzuregen; um (sich mit anderen) zu vereinigen; geeignet, um den Groll (gegen Unterdrückung) zu wecken; in der Nähe dem Vater, in der Ferne dem Fürsten zu dienen; man lernt außerdem viele Namen von Vögeln und Tieren, Kräutern und Bäumen kennen.« (Übersetzung von Richard Wilhelm, Klammerzusätze von F.L.) Wie auch immer diese »Lieder« zu verstehen waren, als Oden oder als gesungen vorgetragene Dichtung, es ging Konfuzius um das Eindringen des Menschen in die Welt der Fantasie, um das Heraustreten aus den Umständen und Belanglosigkeiten des Alltags, um den Zugang zu höheren Regionen. Daran hat sich nichts geändert. Eines ist sicher: Singen in der Gemeinschaft führt Menschen zusammen und macht glücklich, zugleich fördert es Atmung und Gesundheit. Doch wer denkt beim Singen schon daran? Man singt ja nicht wegen der Gesundheit, sondern einfach, weil es Spaß macht. Man kann es auch so sehen: Singen beim Wandern und Marschieren beflügelt den Schritt, obwohl es ziemlich aus der Mode gekommen ist. Singen im Chor kann Menschen ein Stück dem Himmel näher bringen.

Der Dirigent Joseph Krips sagte einmal in London zu dem damals noch ganz jungen Daniel Barenboim: »Beethoven strebt zum Himmel, aber Mozart kommt vom Himmel.« Diese Aussage muss zu denken geben, denn wir fragen uns: Wenn Mozart vom Himmel kommt, welche geheime Botschaft zu unserem Wohlergehen und Nutzen hat er uns denn von da oben mitgebracht? Darauf gibt es eine Antwort, die manchen enttäuschen wird: Seine Musik selbst ist die Botschaft, was denn sonst? Diese Musik bringt uns das Geheimnis einer Ordnung näher, jenseits der Ordnung, die wir erklären können. Wer das genauer beschreiben wollte, müsste sich in noch vageren Begriffen verfangen. Anscheinend hat diese Ordnung etwas mit Gesundheit zu tun, die ja schließlich eine Ordnung des menschlichen Gesamtorganismus voraussetzt. Aus diesem Grund wurden schon Heilversuche mit Mozartmusik unternommen. Um das zu vermarkten, wurde ausgehend von den erfolgreichen Musik- und Horchtherapien des französischen Arztes Alfred Tomatis (1920–2001) das Schlagwort vom »Mozart Effekt« geprägt. Ob hier die Wirkung allgemein guter Musik speziell von der Mozarts unterschieden werden kann, was schon Mozarts Zeitgenossen nicht gelang, bleibt fraglich. Dem Geheimnis dessen, was Mozart wirklich von seinen Zeitgenossen unterscheidet, bringen uns Worte nicht näher. Entweder hört man es oder nicht.

Man kann das verallgemeinern. Musik, gespielt und/oder gesungen vermittelt nur sich selbst und zugleich kann sie uns etwas erzählen, was, auch wenn sie gesungen ist, nicht in Worten darstellbar ist. All das dient nicht zum Einbringen einer größeren Kartoffelernte oder zur Umsatzsteigerung eines Unternehmens. Mit Mozart kann man erkennen, was Vollkommenheit ist. Darin einen Nutzen für unser Leben zu sehen, das macht uns keiner streitig.

Echte Turboritter und falsche Samariter

Wirtschaftlichkeit und konkrete Humanität

Ein Prinzip, das uns den größten Nutzen verspricht, kann zugleich ein Ansporn sein, unmenschlich zu entscheiden. Man kann es nur überwinden, wenn man sich die Freiheit nimmt, auch dem scheinbar nutzlosen Denken und Handeln Raum zu geben.

Welche Gefühle entwickeln wir über den Zeitgenossen, der auf der Autobahn, kurz vor einer Baustelle, nachdem sich schon alle auf der rechten Spur eingefädelt haben, noch weit von hinten kommend vorprescht und sich einen Meter vor der einspurigen Strecke vor die Kolonne zwängt und durch diese Fahrweise den Stau eigenmächtig verlängert? Wie denken Sie über Spediteure, die ihre Fahrer anweisen, aus Kostengründen als »Mautpreller« über die Dörfer zu fahren, für deren Bewohner sie das Leben zur Hölle machen?

Bevor Sie irgendwie negativ über solche Menschen denken, womöglich ein unschönes Wort über sie vor sich hinmurmeln, sollten Sie über das Prinzip der Wirtschaftlichkeit nachdenken. Wirtschaftlich ist es, ein bestimmtes Ergebnis mit dem geringsten Aufwand zu erreichen, oder mit den verfügbaren Mitteln einen höchstmöglichen Ertrag zu erzielen. Was tun denn diese Menschen anderes, als gerade dieses Prinzip für sich nutzbar zu machen? Der Vorteil für sie mag gering sein, doch entweder handelt man konsequent wirtschaftlich oder nicht, da zählen schon die kleinsten Schnäppchen. Dass die anderen benachteiligt werden, das ist eine für solche vordergründig wirtschaftlich denkenden Menschen völlig unbedeutende Nebenwirkung. Will man das Beispiel von den nutzenorientierten Zeitgenossen verallgemeinern, dann gilt: Wer alles, was ihm nützen kann, für sich ausnützt, muss bereit sein, sich in mancher Hinsicht unsozial zu verhalten. Und umgekehrt: Ein sozial handelnder Mensch muss auch auf manchen sich ihm bietenden Vorteil verzichten können. Doch in einer Gesellschaft, in der die Schnäppchenjagd im weitesten Sinne nicht nur toleriert, sondern in der allgegenwärtigen Werbung als geradezu vorbildhaft dargestellt wird, muss als Gegenreaktion auch ein Bekenntnis zum Nutzenverzicht erlaubt sein, denn die Ausnützermentalität ist eine gefährliche Sozialkrankheit. Sie äußert sich nicht immer so harmlos wie in den genannten Beispielen.

Eine Geschichte soll hier berichtet werden, die wegen ihrer wirtschaftspolitischen Brisanz, und weil sie (leider) weltweit verbreitet ist, ohne Namensnennung bleiben kann. Der Chef eines Weltkonzerns wird zu einem kirchlichen Gesprächskreis eingeladen. Der Wirtschaftsmann versucht, vermutlich als Anpassung an den einladenden Gesprächskreis, sich mit einem biblischen Vergleich erkenntlich zu zeigen, und erklärt, sein Unternehmen müsse Gewinne machen, denn nur so könne es dauerhaft der Wirtschaft des Landes dienen, womit er als großer Arbeitgeber in mancher Beziehung recht hat. Dazu erwähnt er das von Jesus erzählte Gleichnis vom barmherzigen Samariter. Dieser konnte dem Mann, der unterwegs ausgeraubt worden war und zusammengeschlagen am Boden lag, nur dadurch helfen, dass er einen Esel besaß, mit dem er ihn in eine Herberge bringen und ihm etwas Geld geben konnte, um ihn pflegen zu lassen. Dieses sagt er als Vorstand eines Unternehmens, das in die öffentliche Kritik geraten ist, weil es mithilfe (vermutlich) legaler Verlustverteilung in mehreren Jahren in den Städten, in denen es viele Tausende Arbeitsplätze bietet und die gesamte öffentliche Infrastruktur nutzt, sich der Zahlung von Gewerbesteuer entzieht. Und dies, obwohl gleichzeitig jährliche Gewinne in Höhe von mehreren Milliarden erwirtschaftet werden.

Jesus ging es in dem vom Evangelisten Lukas (10,30) berichteten Gleichnis vom barmherzigen Samariter nicht einfach um einen reichen Mann, der einem Armen geholfen hat, sondern darum, dass er ihm menschliche Zuwendung, Barmherzigkeit, zuteil werden ließ: »...und da er ihn sah, jammerte er ihn; und er ging zu ihm, goss Öl auf seine Wunden und verband sie ihm, hob ihn auf sein Tier, brachte ihn in eine Herberge und pflegte ihn.« Dieses berühmte Beispiel ist gerade das Gegenteil von dem, was der Wirtschaftskapitän vertritt, der ein Unternehmen führt, das, um seine Gewinne zu erhöhen, auf völlig unbarmherzige Weise Tausende Arbeitsplätze abbaut und teilweise in Billiglohnländer verlagert. Natürlich mit dem altbekannten, oft nicht zu widerlegenden Argument, man könne Arbeitsplätze nur retten, wenn man andere abbaue. Für rein wirtschaftlich denkende Manager sind Arbeitnehmer nicht Mitmenschen, sondern in erster Linie ein Kostenfaktor, den es gnadenlos zu minimieren gilt. In diesem Unternehmen scheint man nicht zu wissen, dass die Städte die Soziallasten aus Mitteln der Gewerbesteuer bezahlen müssen, die dieses Unternehmen ihnen vorenthält. Der Redner meinte, sich positiv über Religion zu äußern, als er so etwa sagte, Religion leiste einen kulturellen Beitrag zum selbstgewählten Ethik-Kompass im globalen Wettbewerb. Sofern diese

Phrase keine umwölkte Leerformel ist, kann sie bedeuten, dass für ihn Religion nur ein Mittel zur Steigerung der Wettbewerbsfähigkeit ist, (sonst nichts). Kurz gesagt: Ethik muss dem Umsatz dienen, wo nicht, können wir auf sie verzichten. Mit dieser Mentalität macht man in der Wirtschaft derzeit noch Karriere.

Unternehmer, die sich ihren Mitarbeitern gegenüber verantwortlich fühlen und sich wirklich für ihr Wohl einsetzen und zugunsten einer langfristigen Unternehmenspolitik immer wieder auf manche mögliche Vorteile, auch auf kunstvoll ausgeklügelte Steuertricks verzichten können, gab und gibt es. Vielleicht gehört auch etwas Patriotismus zu solchen Entscheidungen, eine Einstellung, die in globalen Unternehmen als überholt und abartig gilt.

Dieses Handeln war früher allerdings weiter verbreitet als heute. Damals galten noch nicht vierteljährlich erstellte Bilanzen als Wertmaßstab für den Unternehmenserfolg. Die Manager konnten noch unabhängiger handeln. Daran erinnern noch unternehmensgeförderte Wohnsiedlungen, Stiftungen und Krankenhäuser wie z. B. das Robert-Bosch-Krankenhaus in Stuttgart. Hans Lenk sagt in seinem Werk »Ethik in der Wirtschaft«: »Ethische Überlegungen und begründete moralische Wertungen können und sollen der selbstzerstörerischen Verfolgung absolut gesetzter eigener Interessen Einhalt gebieten.« Das ist richtig, doch wer bremst den selbstzerstörerischen Gipfelstürmer? Das Besondere an dieser Art von Nutzenorientierung ist, dass die Verantwortlichen immer betonen, dass es zu ihren Entscheidungen keine Alternative gäbe, weil sonst ihr Unternehmen nicht mehr wettbewerbsfähig bleibe und die Börsenkurse sofort darauf reagierten. Das mag zutreffen, doch gerade in diesem Dilemma sind Wagemut und Kreativität gefragt. Es gilt die These, ethische Entscheidungen im Management senkten automatisch die Börsenkurse, denn an der Börse herrschen nicht die Menschen, sondern die Zahlen. Derartige Argumente werden durch das Verhalten anderer Unternehmen, die sich diesem Druck nicht beugen, ausgehöhlt. Wolfgang Thierse, einer der seltenen Politiker, die ihre Persönlichkeit auch außerhalb der Tagespolitik zur Geltung bringen, sprach über »obszöne Einkommenssteigerungen, die sich einige Vorstände deutscher Banken und Großunternehmen genehmigten, während sie Lohnzurückhaltung predigen.« Er halte es für »schlicht unanständig«, wenn Wirtschaftseliten von Staat und Gesellschaft optimale öffentliche Güter fordern und gleichzeitig aber eigene Beiträge und Steuern möglichst vermeiden. (Publik Forum 15/2006)

Der Staat ist gegen solche Entwicklungen machtlos, er ist erpressbar, weil international vernetzte Unternehmen ihre Produktion mit einem Computerklick von einem Land in ein anderes verlagern können. Politiker sind gezwungen, wie winselnde Hunde den Wirtschaftsführern in die Augen zu schauen. Sie müssen auf den Börsenerfolg der ansässigen Unternehmen hoffen, da der Staat auf die Lohnsteuer und Sozialversicherungsbeiträge der bei ihnen beschäftigten Arbeitnehmer angewiesen ist, die weder Zeit noch Geld für Steuertricks haben.

Das vom Ansatz her richtige Prinzip der Wirtschaftlichkeit kann und müsste seine ethische Tragfähigkeit immer wieder neu erweisen, aber gerade das kann es nicht, wenn man es konsequent anwendet. Hans Lenk schreibt (1997): »Die Sünde der unangebrachten Verallgemeinerung ist insbesondere in konkreten Situationen zu finden, die eine humane Entscheidung erforderten, in denen es um die Bewahrung konkreter Humanität geht, wo konkrete Humanität notwendig ist, aber das Beharren auf formalen Normen oder

Gesetzen oder bürokratischen Anweisungen oder Erlasse diese humane Entscheidung verhindert.« In den international verflochtenen Großunternehmen gibt es auf allen nachgeordneten Ebenen Mitarbeiter, die zu »konkreter Humanität« bereit und fähig wären, doch müssen sie ihre Entscheidungen den Anweisungen des obersten Managements unterordnen, auch wenn sich diese auf die Dauer als selbstzerstörerisch erweisen sollten. Dort oben ist man von den Aktionärsinteressen, d. h. von den Aktienkursen abhängig. Nirgendwo scheint es Freiheit zu geben, wenn man sich Gesetzen, Anlegerinteressen, Prinzipien und Ideologien fügt. Frei war der barmherzige Samariter, er war weder Priester, Philosoph, Manager, Beamter, Soldat oder ein sonstiger »Funktionsträger«, er war ganz einfach nur ein Mensch.

Der Kampf um die Moral

*Der Sittenwandel aus dem Untergrund
des Weltgeistes*

Aristipp von Kyrene, ein Zeitgenosse von Sokrates, war ein intelligenter, vor allem lebensfroher Mensch, der es verstand, mehr Geld auszugeben, als er je hatte. Dies ist eine Kunst, die von manchen auch heute noch meisterhaft beherrscht wird, wobei hier nichts gegen Finanzminister gesagt sei, denn Aristipp sorgte sich nicht um das Wohl des Staates, sondern um sein eigenes, auch insofern hatte er eine auch heute moderne Einstellung. Er lebte längere Zeit mit einer Dirne zusammen, was auch schon damals nicht als besonders moralisch galt, doch die gängige Moral war nicht seine Sache. Als man ihm wegen seiner Lebensabschnittspartnerin Vorhaltungen machte, antwortete er: »Macht es einen Unterschied, ob ein Haus, in das ich komme, viele Bewohner gehabt hat oder keinen? Ob das Schiff, auf dem ich fahre, schon Tausende von Passagieren in sich gehabt hat?« Als man das verneinte, sagte er: »Also macht es auch keinen Unterschied, ob eine Frau, mit der ich zusammenlebe, schon viele Liebhaber gehabt hat oder keinen.« Die »Moral« des Aristipp war ganz einfach, er sagte: »Ich gebiete über meine Lust, aber ich versage sie mir nicht.« Und als ihm einmal vorgeworfen wurde, er vergeude sein Vermögen, meinte er: »Es ist besser, mein Vermögen geht durch mich zugrunde, als ich durch mein Vermögen.«

Aristipp war schon damals ein berüchtigter, doch heimlich bewunderter und beneideter Playboy. Die »Bunte Illustrierte«, die damals noch ohne Papier auskam und von Mund zu Mund ging, berichtete wiederholt über ihn. Ein solches Leben will gekonnt sein, denn mit Geld allein schafft man das nicht, da muss eine gewisse Lebensphilosophie hinzukommen, die nicht jedermanns Sache ist. Doch die Moral sprach gegen ihn, daher lässt auch Mozart seinen Don Giovanni am Schluss mit einem Schrei in die Hölle versinken, aus der es je nach Regie gewaltig herausdampft. Man bezeichnet Menschen wie ihn als Hedoniker, denen ihre eigene Lust (griechisch: hedone) oberstes Lebensprinzip ist. Aristipp und seine Nachfolger waren keine solchen Moralapostel wie John Stewart Mill, der zwar auch von Lust redete, jedoch etwas ganz anderes damit meinte.

Die Moral des »gesitteten« Lebens war das höchste der oft geheuchelten Gefühle, doch sie scheint in Verruf gekommen zu sein. Es gilt heute als mehr oder weniger unmoralisch, von Moral zu reden oder gar zu predigen. Dabei ist in Wirklichkeit eher das Gegenteil der Fall. Es wird heute mehr den je moralisiert, doch wird das vielfach übersehen, weil die Inhalte der Moral sich seit etwa 1970 grundlegend gewandelt haben.

Was ist die Ursache des europäischen Verfalls der herkömmlichen Moral? Aus der Vielzahl derer, die in der Neuzeit am Stamm der Moral gesägt haben, sollen hier einige Denker erwähnt werden. Sie hatten nicht nur unnütze, sondern zumindest von den Zeitgenossen als schädlich und zersetzend angesehene Thesen vertreten.

Im 18. Jahrhundert griff unter der französischen Denkeravantgarde der Materialismus um sich. Julien Offray Lamettrie (1709–1751) war einer der radikalen Materialisten, der das berüchtigte Werk »L'homme machine« (Der Mensch eine

Maschine) geschrieben hat, das schon im Titel verrät, dass jeder Bezug auf eine Seele, ein höheres Wesen und eine dementsprechende Moral überholt sei. Sein Landsmann und Zeitgenosse Claude Adrien Helvétius (1715–1771) ging nicht vom Kampf gegen die Moral als solche aus, sondern positiv von den sinnlichen Bedürfnissen des Menschen, die er im Mittelpunkt seines Bestrebens sah. Diese beiden Denker wurden von Zeitgenossen mehr bekämpft und verfolgt als gelesen; sie fanden zumindest zeitweise Zuflucht beim toleranten Preußenkönig Friedrich II., der ja auch mit Voltaire befreundet war. Obwohl die Werke der materialistischen Denker nie populär waren, hat ihr Geist im Untergrund weitergewirkt, auf die Naturwissenschaft übergegriffen und schließlich die Oberhand gewonnen.

Von völlig anderer Struktur als die französischen Materialisten war der aus einem frommen Elternhaus stammende Friedrich Nietzsche. Zeit seines Lebens blieb er ein Frömmler, allerdings einer mit negativem Vorzeichen. Seine Religion wurde zunehmend die Antireligion. Alle überkommenen Werte wollte er umkehren. Er hat in seinem Leben viel scheinbar Unsinniges geschrieben, doch darin war er ein Genie. Seinen Umgang mit Sprache und seine geistreichen, klarsichtigen Bemerkungen hat ihm kein Philosoph je vorgemacht und keiner nachgemacht. Sein gelegentlicher Denkunfug ist entwaffnend und ermunternd. Nietzsche sagte in seiner Schrift »Ecce homo«, er halte sich für ein Schicksal: »Ich bin bei weitem der furchtbarste Mensch, den es bisher gegeben hat, dies schließt nicht aus, dass ich der wohltätigste sein werde. Ich kenne die Lust am Vernichten in einem Grade, die meiner Kraft zum Vernichten gemäß ist.« Dieses Vernichten bezog Nietzsche auch auf die herkömmliche Moral. Leider machte er es nicht wie Aristipp, der in seinem Leben nicht nach Moral fragte. Nietzsche war genau das Gegenteil eines lebenslustigen Menschen. Er kämpfte gegen die Moral wie ein Moralapostel. Sein Terrain war nicht die Oberfläche des Lebens, sondern seine tiefsten Abgründe. »Ich verneine einmal einen Typus Mensch, der bisher der höchste galt, die Guten, die Wohlwollenden, Wohltätigen; ich verneine andererseits (...) die christliche Moral.« Denn, wie Nietzsche in seiner Schrift »Jenseits von Gut und Böse« bekennt, ist moralisches Urteilen und Verurteilen die »Lieblings-Rache der Geistig-Beschränkten an denen, die es weniger sind«. Was bleibt dann eigentlich noch? Für Nietzsche ist das ganz einfach, es bleibt »der Wille zur Macht«. Der mächtige, rücksichtslose Mensch soll über die Welt herrschen, die Schwachen vernichten und die Starken züchten.

Für solche Äußerungen nahmen Hitler und seine Gefolgsleute Nietzsche in ihre Dienste. Doch sie haben ihren Geisteshelden, der einmal fürchtete, er werde eines Tages heilig gesprochen, gründlich verkannt. Nietzsche war weder Nationalist noch Rassist und schon gar kein Antisemit, im Gegenteil. Nietzsche meinte in seinem Werk »Jenseits von Gut und Böse« sogar, der preußische Adel, der nur befehlen könne, solle sich mit den Juden mischen, um ihm das »Genie des Geldes, der Geduld und der Geistigkeit hinzuzüchten«. Ein Grund dafür sei außerdem: »Die Juden sind ohne allen Zweifel die stärkste, zäheste und reinste Rasse, die jetzt in Europa lebt; sie verstehen es, selbst noch unter schlimmsten Bedingungen sich durchzusetzen.« Kein Wunder, wenn Nietzsche forderte, man solle die »antisemitischen Schreihälse des Landes verweisen«. Wenn Hitler dies befolgt hätte, wäre sogar ihm selbst nur noch die Auswanderung übrig geblieben.

Nietzsches bewusst provozierende Polemik gegen alle Moral hat langsam und sicher gewirkt. Zwar hat sie nicht die naive Lebensfreude erhöht, dafür aber an den Wurzeln der geltenden Moral genagt, wie es auf ganz andere Weise die Franzosen vorher getan hatten. Den Todesstoß erhielt die herkömmliche Moralpredigt in der Studentenbewegung von 1968 und in den Folgejahren. Natürlich gibt es Moral nach wie vor, doch sie muss in einem völlig anderen Gewand oder in anderer Verkleidung daherkommen. Eines der Ziele der Studentenbewegung war die Auflösung der überholten Moralvorstellungen des »Establishments«. Die damals geäußerten Forderungen riefen daher in der bürgerlichen Gesellschaft überwiegend Entsetzen und Ablehnung hervor.

Zu den geistigen Vätern im Hintergrund der damaligen Unruhen gehörte der deutsch-amerikanische Philosoph Herbert Marcuse (1898–1979). In einem seiner Texte (Versuch über die Befreiung) gab er (1969) das Motto vor: »Nicht das Bild einer nackten Frau, die ihre Schamhaare entblößt, ist obszön, sondern das eines Generals in vollem Wichs, der seine in einem Aggressionskrieg verdienten Orden zur Schau stellt.« Es ging also nicht gegen die Moral insgesamt, sondern um ihre Inhalte. Die Jahre nach 1970 brachten eine weitgehende Neuregelung des Sexualstrafrechts, das noch aus der Mitte des 19. Jahrhunderts stammte. Dies war nicht alles. Wohlstand, Pille, Motorisierung und Globalisierung, also im Wesentlichen wirtschaftliche Faktoren mähten ein moralisches Feld nach dem andern ab. Da stellt sich uns die alte Streitfrage: Waren es vielleicht doch nicht die von den Philosophen ausgehenden geistigen Spuren, sondern vordergründig einfach nur wirtschaftliche Gegebenheiten, die diese Änderungen bewirkt haben? Mit anderen Worten: Hatte Hegel recht, der den Weltgeist für den Denkwandel verantwortlich machte, oder Marx, der als Ursache die wirtschaftlichen Verhältnisse ansah?

Diese von Marx ausgehende Streitfrage, auf der ganze Ideologien bauen, und über die heftig diskutiert und gekämpft wurde, kann hier nicht neu aufgerollt werden. Immerhin zeigt das Beispiel, dass beide Faktoren, Weltgeist und Wirtschaft gemeinsame Sache machen können. Ein Patentrezept, wie man diese Doppelmacht zum Positiven lenken kann, ist noch nicht entdeckt. Man könnte sich darüber unnütze Gedanken machen.

Der Geist der Pflanzenwelt jenseits der Chemie

Die Philosophie des biologischen Landbaus

Wenn Gartenpflanzen sich von Nachbar zu Nachbar über den Zaun hinweg unterhalten könnten, dann käme ich bei denen vielleicht ganz gut weg. Unser Reihenhausgarten bietet den Pflanzen ziemlich viel Freiheit. Bei uns wachsen ohne Visum von irgendwoher eingewanderte Sträucher, die besonders eifrig sprießen und die, wenn sie nicht gelegentlich mit Schere und Hacke zur Ordnung gerufen würden, den kleinen Garten unter sich aufteilen würden. Vielleicht betreibe ich in dieser Beziehung eine zu liberale Einwanderungspolitik. Manche Pflanzen lehnen unseren Garten ab, meine wiederholten Anbiederungsversuche an Petersilie werden schnöde zurückgewiesen, da kann ich machen, was ich will. Leider haben weder meine Frau noch ich eine »grüne Hand«, auch gehöre ich nicht zu denen, die mit den Pflanzen sprechen können. Vielleicht schimpfen sie auch über uns, ohne dass wir es hören. Immerhin habe ich schon listige Pflanzen erlebt. Vor Jahren warfen wir einmal Reste von Holunderbeeren auf den Kompost. Statt dass die alle zu Humus wurden, wuchsen ab dem nächsten Jahr einige Holunderpflanzen im Umkreis von drei Metern um den Kompost. Ich nahm das nicht weiter ernst. Doch nach wenigen Jahren wuchsen diese Büsche immer frecher in die Höhe. Eines Tages stellte ich fest, dass die Pflanzen aus einer

Entfernung von drei Metern über eine unterirdische Wurzelleitung den Kompost angezapft hatten und aus diesem alles herausholten, was sie brauchen konnten.

Ähnliche Beobachtungen konnte ich auch im Nordschwarzwald im Gebiet rund um die Hornisgrinde machen. Wer über viele Jahre dort die gleichen Wege begeht, kann feststellen, wie Pflanzenarten an bestimmten Plätzen erscheinen und dann wieder verschwinden. Nach einer Rodung kommen Ginster, Vogelbeeren, Farne, Fingerhut, Himbeeren und Brombeeren. Wenn die dann nachwachsenden Fichten den Boden wieder verdunkeln, fliehen diese Pflanzen sang- und klanglos, sie tauchen dafür an anderen Stellen wieder auf. An sommertrockenen Moorstellen versucht Heidekraut die Preiselbeeren zu verdrängen, doch diese suchen sich dafür gerne die Umgebung von verwitterndem Legföhrenholz. Wo der Sturm »Lothar« riesige Wälder abgeholzt hat, kann man jetzt Heidelbeeren ernten, während auf Kammlagen Fichten, die bei Stürmen stehen geblieben sind, dem Borkenkäfer zum Opfer fallen. Die Natur wird für Ausgleich sorgen. Pflanzen haben Strategien, sie reagieren nicht individuell und viel langsamer als Tiere, doch die Zeit spielt in der Natur ohnehin eine untergeordnete Rolle. Die Pflanzen vegetieren nicht passiv vor sich hin, sie reagieren sinnvoll. Sie sind nicht einfach nur Objekte menschlichen Strebens oder einer chaotischen Wildnis, sondern sie können gewissermaßen zu Sozialpartnern werden. Sie sind im wahrsten Sinne des Wortes sensible Lebewesen, die auf subtile Einflüsse reagieren und nicht nur biochemische Reaktionsapparate. Solche Überlegungen sind natürlich nicht neu, doch in einer Zeit, in der der Mensch die Natur immer mehr als willenloses Objekt betrachtet und behandelt, sind solche Gedanken und Beobachtungen, die jeder Laie anstellen kann, wichtiger denn je.

Friedrich Wilhelm Joseph Schelling war zweiundzwanzig Jahre alt, als er 1797, nach seinem Studium in Tübingen, damals Hauslehrer in Leipzig, seine Schrift »Ideen zu einer Philosophie der Natur« veröffentlichte, die ihm den Zugang zu dem damals mit der »Farbenlehre« befassten Goethe öffnete. Schon im nächsten Jahr wird der noch ziemlich junge Mann mit der Empfehlung Goethes als außerordentlicher Professor an die Universität Jena berufen. Goethe scheint von dem sechsundzwanzig Jahre jüngeren Schelling viel gelernt zu haben. In seinen Ideen zur Naturphilosophie äußerte Schelling nämlich erstaunliche Gedanken, unter anderem diesen: »Solange ich selbst mit der Natur identisch bin, verstehe ich, was eine lebendige Natur ist so gut, als ich mein eigenes Leben verstehe, (...) sobald ich aber mich und mit mir alles Ideale von der Natur trenne, bleibt mir nichts übrig als ein totes Objekt, und ich höre auf, zu begreifen, wie ein Leben außer mir möglich sei.«

Grundlage dieser Philosophie ist die Eingebundenheit des Menschen in den Kosmos, in den Naturkreislauf, nicht als ein ihm Gegenüberstehender, sondern als sein Bestandteil. Dies ist eine uralte, namentlich auch im indischen Denken wurzelnde Erkenntnis, sie setzt voraus, dass man die übliche Trennung in Geist und Natur, bzw. in Geist und Materie aufhebt und über diesen Scheingegensätzen die Einheit sieht. Schelling formuliert das so: »Die Natur soll der sichtbare Geist, der Geist die unsichtbare Natur sein. Hier also in der absoluten Identität des Geistes in uns und der Natur außer uns, muss sich das Problem, wie eine Natur außer uns möglich sei, auflösen.«

Diese theoretisch und abstrakt anmutende Gedankenwelt bestimmte auch Goethe in seinen späteren naturwissenschaftlichen Schriften. Schelling wie fast allen andern Denkern ging und geht es bei solchen Fragen allerdings nur um

Erkenntnis, um das Verstehen und Verinnerlichen der Weltweisheit, nicht jedoch um irgendeine praktische Anwendung in der Wirklichkeit. Dies wäre ja etwas in der Welt außerhalb der Philosophie gewesen. So gesehen muss also Philosophie sich von der Realisierung solcher Gedanken fern halten. Doch wo liegt die Nahtstelle zwischen Denken und Tat?

War es Zufall oder Fügung des Schicksals, dass rund hundert Jahre später, 1882, der damals einundzwanzigjährige Rudolf Steiner damit beauftragt wurde, die naturwissenschaftlichen Schriften Goethes herauszugeben? Goethes, aber auch Schellings Gedankenwelt beeinflussten den späteren Gründer der Anthroposophischen Gesellschaft lebenslang. Viele dieser Gedanken haben durch Steiner sichtbare Gestalt angenommen. Dabei hat es Steiner heute immer noch schwer, als universeller Denker, der praktisch auf allen Lebensgebieten inspirierte Erkenntnisse hatte und vermitteln konnte, allgemein anerkannt zu werden, weil er von Mitgliedern der Anthroposophischen Gesellschaft als eine Art Haus- und Universalprophet angebetet wird, die Steiners damals modernen, aber doch manchmal erdabgehobenen Stil noch Jahrzehnte zu imitieren suchten.

Obwohl ich kein spezieller Anhänger Steiners bin und mich diesem Kult nicht verbunden fühle, muss ich anerkennen, dass Steiners Denken und Handeln in einigen Bereichen zukunftsweisend und die Welt bereichernd gewirkt hat und noch wirkt. Es handelt sich hier insbesondere um seine Impulse für die Heilmittelbranche und Medizin mit eigenen Pharmaherstellern und Krankenhäusern, für das Verständnis von Wirtschaft und Gesellschaft, für Erziehung und Bildung (Waldorfschulen) und die Landwirtschaft. Hier in diesem Zusammenhang soll beispielhaft nur Steiners Einfluss auf das Verständnis der Landwirtschaft und der Ernährung herausgegriffen werden.

Steiner schrieb einmal: »Nur dadurch dass ich mein Selbst wahrnehme und merke, dass mit jeder Wahrnehmung sich auch *dessen* Inhalt ändert, sehe ich mich gezwungen, die Beobachtung des Gegenstandes mit meiner eigenen Zustandsveränderung in Zusammenhang zu bringen und von meiner Vorstellung zu sprechen.« Dieser Gedanke erscheint wie eine Ergänzung und Fortführung der oben zitierten Meinung von Schelling. Wenn wir eine Pflanze betrachten, so bilden wir sie in uns ab, sie wird insoweit gewissermaßen ein vorübergehender Bestandteil von uns. In diesem Weltbild müssen auch die Pflanzen, insbesondere die, die unserer Ernährung dienen, einen Platz haben.

Ein Dreivierteljahr vor seinem Tod (30. März 1925) hielt Steiner auf dem Gut Koberwitz bei Breslau im Juni 1924 seinen einzigen landwirtschaftlichen Kurs ab. Ihm voraus gingen Versuche von Steiner und seinen Mitarbeitern in Dornach bei Basel, wo das Zentrum der Anthroposophen in und beim Goetheanum heute noch ist. Das Neue an diesen Versuchen war, sich mit Themen wie dem Erdorganismus, den Rhythmen der kosmischen und irdischen Kräfte, den Wesensbildern der wichtigen Substanzen im Landbau, der sinnlichen und übersinnlichen Struktur von Pflanze, Tier und Mensch sowie weiteren damit verbundenen Themen auseinanderzusetzen. Der landwirtschaftliche Betrieb sollte nach Steiners Erkenntnis möglichst ein in sich selbst begründeter, geschlossener Organismus sein. Dazu gehören eine gesunde, im Gleichgewicht ruhende Bodenpflege, eine geordnete Fruchtfolge, eine entsprechende natürliche Kompost- und Düngerpflege, eine gesunde Methodik der Schädlingsbekämpfung in »Zusammenarbeit« mit der Vogel- und Insektenwelt einschließlich der dazu erforderlichen Hecken und die Vermeidung oder Überwindung von Tier- und

Pflanzenkrankheiten, z. B. durch Verzicht auf schädlingsanfällige Monokulturen. Dies alles sollte möglichst im Kreislauf *eines* Betriebs ermöglicht werden. Das Ganze will als »biologisch-dynamischer Landbau« verstanden werden. Dabei sind sich die daran aktiv Beteiligten wohl bewusst, dass die sich aus ihrer Erzeugungsweise ergebenden Unterschiede zu einem großen Teil jenseits der Chemie liegen. Es kann ja niemand erwarten, dass die »Vergeistigung der Pflanzenwelt« sichtbar im Mikroskop oder gar schon im Reagenzglas erscheint.

Es ist erstaunlich, was ein einzelner Mensch 1924 in ein paar Tagen auf Dauer angestoßen und in Bewegung gebracht hat. Denn damals wurde diese Wirtschaftsweise, wie teilweise heute noch, bestenfalls als Spielerei oder gleich als Spinnerei angesehen. Andere warfen Steiner vor, er bringe »okkulte Kräfte« mit ins Spiel. Was auch immer mit okkult gemeint sein könnte, es ist etwas Übersinnliches, das vielleicht sogar mit dem Teufel zu tun haben könnte und ein frommer Christenmensch nicht genießen darf. Man hatte das schon bei den weisen Frauen in früheren Jahrhunderten erlebt. Steiner selbst wurde zwar nicht verbrannt, dafür war das erste Goetheanum, dessen Architektur Steiners eigenen, höchst originellen Vorstellungen entsprach, schon in der Silvesternacht 1922 durch Brandstiftung eingeäschert worden.

In den Jahren nach dem Ersten Weltkrieg herrschte in der Landwirtschaft im Vergleich zu heute zwar nicht die heile Welt, die hat es dort nie gegeben, doch die herkömmlichen Methoden waren noch weit verbreitet. Es gab nur selten den Einsatz von Traktoren, meist wurde noch mit Pferden und Ochsen gepflügt, das Viehfutter kam überwiegend aus dem eigenen Hof, ebenso der Dünger. Zwar wurden schon Kunstdünger und Schädlingsbekämpfungsmittel verwendet, doch war deren Einsatz gegenüber heute ziemlich bescheiden. Ein Problem mit denaturierten Nahrungsmitteln konnte man zu dieser Zeit noch nicht erkennen. In den Jahren des Hungers und der allgemeinen Not während des Kriegs und in der chaotischen Nachkriegszeit waren die Menschen schon froh, wenn sie überhaupt etwas zu essen bekamen, was sollten da so Mätzchen wie die »Vergeistigung der Pflanzenwelt«?

Die Botschaft des Seminars von Koberwitz breitete sich dennoch aus. Schon 1928 konnte für »biologisch-dynamisch« erzeugte Landwirtschaftsprodukte das Warenzeichen »Demeter« eingeführt werden und 1931 gab es rund eintausend Höfe, die solche Erzeugnisse lieferten. Während des Dritten Reiches fiel jedoch alles, was damit zusammenhing, in Ungnade und 1941 wurde es auch formell verboten. Zögerliche Neuanfänge nach dem Zweiten Weltkrieg weiteten sich in den folgenden Jahren aus. 1952 begann die wissenschaftliche Zusammenarbeit mit Universitäten. Die (landwirtschaftliche) Universität Hohenheim (einem Stadtteil von Stuttgart) stellte 1973 ein Versuchsgut auf biologisch-dynamische Wirtschaftweise um, die Universität Bonn bemühte sich 1978 um Vergleiche zwischen konservativem und biologisch dynamischem Anbau. In diesen Jahren bekam der von Steiner initiierte Landbau eine gewissermaßen »weltliche« Konkurrenz oder, besser gesagt, Ergänzung. Unter dem Eindruck einer weltweit wirkenden Übermacht des wirtschaftlichen Denkens und Handelns, einer gnadenlosen Konkurrenz auf den Weltmärkten und einer zunehmenden Übermacht der chemischen Industrie entwickelte sich die Landwirtschaft in allen Kontinenten zu Produzenten eines globalen Verbrauchermarktes. Auf die einst zumindest intuitiv in der Landwirtschaft vorhandene Verbundenheit zwischen Mensch und Natur konnte die industriell betriebene Landwirtschaft weltweit keine Rücksicht mehr nehmen. Die Massentierhaltung fordert den Einsatz von Methoden und Mitteln, die die Tiere zu dem machen wollen, was sie, genauso wenig wie die Pflanzen, nicht sind und niemals sein werden: biochemische Reaktoren zur Lebensmittelproduktion. Sofern diese Produktion störungsanfällig ist, kann man versuchen, solche »Fehlerquellen« durch Genmanipulation auszumerzen. Dieses umstrittene Denken und Handeln beherrscht in der Gegenwart immer noch die Lebensmittelproduktion. Außer Steiner selbst konnte damals kaum einer ahnen: Ein halbes Jahrhundert nach ihm dominierten in den Industrieländern zunehmend Lebensmittel aus chemie-adäquater Produktion, um die aus schöpfungs-adäquatem Wachstum hervorgegangenen zu verdrängen.

Das eigentlich Erstaunliche an diesen inzwischen allgemein bekannten und beklagten Zuständen ist, dass die Mehrheit der Konsumenten, zumindest in den industrialisierten Ländern der »ersten« Welt, leichtfertig auf diese Entwicklung reagiert und bereit ist, überspitzt gesagt, für den halben Preis doppelt so viel zu essen. Falls man den Preis der industriell gefertigten Lebensmittel dennoch als den Normalpreis ansehen will, müsste die Gesundheitsdevise entgegengesetzt lauten: Wenn ihr doppelt so viel für das einzelne Produkt bezahlt und dafür die Hälfte esst, lebt ihr gesünder und gebt auch nicht mehr Geld aus. Dann könnt ihr euch Produkte leisten, die die Nachteile der industriell hergestellten Lebensmittel vermeiden.

Als Gegenreaktion auf die industriell arbeitende Landwirtschaft bildete sich ein Landbau heraus, der sich ohne Bindung an Steiners anthroposophische Grundlagen von den gravierendsten Fehlentwicklungen der jetzt konventionellen Nahrungsmittelproduktion distanzierte. Es ist dies das Feld des ökologischen und/oder biologischen Landbaus, für den andere Normen gelten als für die nach wie vor erzeugten Demeter-Produkte. Immerhin gibt es in Deutschland seit 2002 als Bündnis von Biobauern, Verarbeitern und Händlern den »Bundesverband der ökologischen Lebensmittelwirtschaft« (BÖLW), dem »Demeter International« ebenfalls angeschlossen ist.

Was 1924 als intellektueller Luxus und nutzlose Verteuerung der Lebensmittelproduktion angesehen werden konnte, hat sich im Verlauf von wenigen Jahrzehnten als Grundlage für wichtige Alternativen in der Ernährung entwickelt. Wenn es trotz aggressiver Werbung einer zunehmenden Zahl von Menschen als Verbraucher und Erzeuger weltweit gelingen wird, sich von den Auswüchsen der von der chemischen Industrie abhängigen Massenproduktion abzuwenden, kann dies zu einer geistigen Revolution führen, die alle Lebensbereiche ergreift. Um für sie zu kämpfen, muss man nicht Fahnen schwingen oder verbrennen, man muss niemandem zujubeln oder erschießen, es genügt für den Anfang schon, gelegentlich eine Wiese oder einen Wald etwas genauer und geruhsamer zu betrachten.

Merksätze 2

Auf seine Instinkte kann sich der Mensch schon lange nicht mehr verlassen, denn sie stammen aus einer Welt, die der menschliche Verstand beseitigt hat.

Ein Prinzip, das uns den größten Nutzen verspricht, kann zugleich ein Ansporn sein, unmenschlich zu entscheiden.

Geistlosigkeit ist ein privates Problem und kein Argument gegen den Geist.

Wenn das unnütze Denken durch die Hintertür wieder nützlich werden soll, verliert es seine vom Widerspruch lebende Existenz.

Das Neue eckt an, das Perfektionierte rundet ab. Geld macht man mit der Abrundung.

Wo die Wahrheit auf »richtig« und »falsch« reduziert wird, geht sie mit der Zeit zugrunde.

Es genügt nicht zu wissen, wo man hinwill, man muss auch wissen, wo man herkommt.

Das Neue erwächst aus der ersten Morgendämmerung. Die Langschläfer bemerken es erst im grellen Sonnenlicht.

III. Teil

Das Neue aus dem geistigen Hintergrund

Die Spuren des Geistes im Labor

Kann man Geistiges mit den Mitteln der Physik erklären?

Geistlosigkeit ist ein privates Problem und kein Argument gegen den Geist. Mit Geld, Geschützen und Granaten kann man ihn weder erobern noch niederzwingen: Vom Geist zu reden ist für viele ein unnützes Denken.

Obwohl ich ein eher distanziertes Verhältnis zu Hegels Schriften habe, bin ich wie er der Ansicht, dass man im Beurteilen dessen, was auf der Welt geschieht, nicht ohne den Begriff Geist auskommen kann. Wenn man den modernen Neurophysiologen jedoch glauben wollte, dann könnte man Hegels fast gesamte Werke der nächsten Altpapiersammlung überlassen. Das sagen sie natürlich nicht, weil seine Art der Geisterkundung nicht auf ihrer Denkebene liegt. Sie nehmen ihn gar nicht wahr.

Der Geist, das Geistige, ist in Verruf geraten, doch wenn wir geistige Phänomene in der Welt nicht mehr erkennen können oder wollen, entgeht uns das meiste, was wir als Menschen brauchen, um mehr zu sein als Wesen, die auf der Welt nur vegetieren. Wenn wir Geistiges nicht wahrnehmen, erkennen wir Chancen und Bedrohungen nicht rechtzeitig und können auch nicht mit ihnen umgehen. Wir finden und bemerken dann das Neue nicht mehr, denn das Neue setzt eine Inspiration im weitesten Sinne voraus. Den Geist zu vernachlässigen, ist ein gefährlicher Irrtum.

Jede Art von Religion ist ohne das Wahr-Nehmen und Anerkennen geistiger Zusammenhänge in der Welt völlig undenkbar; sie wäre dann nichts anderes als eine frömmlerische Ethik, selbst wenn der große Kant sich zu ihr bekannt hatte. Die alte Frage, wie es der Geist schafft, auf die Materie einzuwirken, ist noch nicht geklärt. Gibt es im Gehirn spezielle neurologische Antennen, die für die Aufnahme geistiger Informationen zuständig sind? Mit diesen Fragen befasste sich der australische Gehirnforscher Sir John Eccles (1903–1997), der 1963 mit dem Nobelpreis ausgezeichnet wurde. Er war, wie »Die Zeit« anlässlich seines Todes schrieb, »der letzte Neurophysiologe, der noch an die Seele glaubte«. In seinem zusammen mit Daniel N. Robinson verfassten Werk »Das Wunder des Menschseins – Gehirn und Geist« (1985) vertrat Eccles die Ansicht, das Gehirn sei nur ein Werkzeug und nicht selbst der Verursacher geistiger Prozesse. Selbstbewusstsein ist ein immaterieller Begriff, denn wenn wir alles Materielle erkunden können, dann ist das, was beobachtet, zu unterscheiden vom Beobachteten. Sich zu wissen ist etwas anderes als nur zu sein. Eccles schrieb: »Materialisten müssen wohl ganz außerstande sein, die hohe Leistung eines schöpferischen Geistes zu erkennen und zu schätzen, sie können es nur, wenn sie sich verstellen.«

Die vergebliche Hoffnung, dem Geist auf physikalische Weise auf die Spur zu kommen, wird nicht aufgegeben. Forscher auf dem Gebiet der Quantenphysik wie Werner Heisenberg und Erwin Schrödinger sind schon vor Jahrzehnten an Grenzen gestoßen, an denen sie die Physik verlassen und auf philosophische Überlegungen ausweichen mussten. Die Forschung geht auf ganz anderem Gebiet weiter. Ein Beispiel dafür: Im Einvernehmen mit dem Dalai Lama wurden 2005 acht buddhistische Mönche, von denen jeder mindestens 10 000 Stunden Meditationspraxis nachweisen konnte, in die

USA geschickt. Dort sollten sie im neurologischen Forschungslabor von Richard Davidson, Professor an der Universität von Wisconsin, unter medizin-technischer Kontrolle meditieren. In der Tat zeigten sich bei den Meditierenden messbare Unterschiede in der Gehirnaktivität. Als dann ein paar Monate später nicht nur Davidson, sondern auch der Dalai Lama selbst bei der Jahrestagung der amerikanischen Gesellschaft für Neurowissenschaft in Washington auftraten, waren dem Proteste von Wissenschaftlern vorausgegangen, die sich dagegen wandten, dass ein Geistlicher vor einem naturwissenschaftlichen Gremium sprechen sollte.

Doch die Frage bleibt: Was kann man im Elektroenzephalogramm (EEG) und durch die Magnetresonanztomographie feststellen? Bei den Mönchen eigentlich nichts, was man nicht in Tibet seit über tausend Jahren auch schon wusste: Ein Mensch, der Jahrzehnte lang täglich mehrere Stunden meditiert, verändert seine Wahrnehmung und seinen Charakter, er wird ein anderer Mensch. Dass sich dies im materiellen Bestand des Gehirns zeigt, war für den Dalai Lama keine Überraschung. Schon immer war bekannt: Geistige Prozesse hinterlassen Spuren in der Materie. Wenn es nicht so wäre, lohnte es sich nicht, vom Geist zu reden. Doch die Spuren zeigen nicht den, der sie hinterlassen hat. Manche Forscher sind dann mit ihrem »nothing but« gleich bei der Hand. Etwa so: Geist ist nichts anderes als eine messbare Veränderung im Gehirn. Einige meinen sogar, man könne das Phänomen des Selbstbewusstseins auf diese Weise erklären. Hier finden sich genügend Beispiele für wahrhaft unnützes Denken, dem kein wirklicher Nutzen folgt. Die Seele zeigt sich in keiner Maschine, und das, was sich dort zeigt, darf man nicht für die Lösung unlösbarer Rätsel halten.

Der doppeldeutige Geist und das Gespenst

Mit Kanonen kann man den Geist nicht erschießen

Wofür wir Deutschen das Wort Geist benutzen, kennen manche andere Sprachen zwei oder sogar noch mehr Begriffe. Wer auf Deutsch vom Geist spricht, redet für Ausländer also mehrdeutig. Welchen Geist meinte beispielsweise Hegel in seinem Werk »Phänomenologie des Geistes«? Die Engländer müssten das eigentlich wissen, doch es gibt mindestens zwei Übersetzungen. Ein gewisser J. B. Baille übersetzte im Titel Geist mit »Mind«, und A. A. Miller verwendete dafür das Wort »Spirit«. Diese Unterscheidung hat ihre Wurzel im Lateinischen. Dort gibt es die Worte spiritus (z. B. spiritus sanctus, der Heilige Geist) und mens (z. B. »mens sana in corpore sano«, d. h. ein gesunder Geist in einem gesunden Körper). Geist meint also nicht nur das menschliche Denkvermögen, sondern auch den Geist, der uns »inspiriert«, der »Begeisterung« hervorruft, eine Stimmung, die uns zusammen mit anderen trägt.

Leider gibt es nichts Geistloseres, als zu versuchen, das Wort Geist zu definieren. »Geist, die Gesinnung ist ein zu ätherisches Wesen, als dass er sich in gebietenden Buchstaben und Formeln festhalten oder in gebotenen Empfindungen und Gemütszuständen darstellen ließe.« Hegel ist bei dieser Erkenntnis aus seiner frühen Schrift über »die Positivität der christlichen Religion« nicht geblieben, sondern er hat sich immer wieder in »gebietenden Formeln« am Geist versucht. Es hat ja auch keinen Sinn, Begriffe wie Liebe, Freiheit, Glaube oder Wille zu definieren. Man kann das alles nur umschreiben und schildern, wie es sich im Einzelfall auswirkt. Schließlich kennt schon ein kleines Kind das Wort Tier, ohne erklären zu können, was das Pantoffeltierchen mit dem Elefanten gemein hat, wo sie doch beides Tiere sind. Man kann es kurz und ungenau sagen, ohne Definitionen zu versuchen: Geist ist das, was zurückbleibt, wenn man ein Buch verbrennt. Er ist – sehr frei nach Hegel – das, was über und hinter der Welt steckt und etwas mit ihr anstellt. Vielleicht kann man das auf religiöse Weise so empfinden: Geist ist das Medium, das göttlichen Willen in der Welt ausbreitet.

Dies führt uns zu einem scheinbar fern liegenden weiteren Begriff, nämlich auf den Geist, der mit dem Kopf unterm Arm nachts im alten Schloss herumspukt. Ob es solche Geister oder Gespenster gibt – ich habe zum Glück noch nie eines erlebt – soll hier nicht weiter diskutiert werden. Immerhin gibt es ein Gespenst, das sehr reale Auswirkungen hatte. Das 1848 erstmals erschienene Kommunistische Manifest beginnt mit diesen berühmten Worten: »Ein Gespenst geht um in Europa – das Gespenst des Kommunismus.« Warum begannen Marx und Engels ihre Kampfschrift nicht so: »Ein Geist breitet sich aus in Europa…«? Karl Marx wird gewusst haben, warum er keine Anleihe bei seinem Anti-Lehrer Hegel mit dem Wort Geist machen wollte. Doch liegt das Wort Gespenst hier nicht neben der Sache? Es ist nicht so etwas gemeint wie der Schatten der vergifteten Erbtante, die nachts in ihrem Schloss erscheint und ihrem Mörder die Hölle heiß macht. Der Kommunismus war schon 1848 kein Gespenst mehr und ist nie eines geworden, sondern eine harte Realität, und außerdem war eine Stunde nach Mitternacht diese Geisterstunde längst nicht vorüber. Der Kommunismus ist jedoch auch ein geistiges Phänomen, das Menschen erfassen kann. Dieses Erfasstsein ist mehr als das verstandesmäßige Übernehmen einer Theorie, denn es kann Gefühle erzeugen, Begeisterung hervorrufen und zu Taten und Untaten inspirieren. Es ist ja auch ein Unterschied, ob ein Fußballergebnis von einem Nachrichtensprecher in der gleichen Stimmlage wie bei den Börsenkursen mitgeteilt wird oder ob man beim Torschießen auf dem Platz mitgebangt und mitgejubelt hat. Was da die Massen ergreift, ist kein Gespenst. Und dennoch, ironisch war das kommunistische Gespenst nicht gemeint, denn sonst hätte der Text nicht so fortgesetzt werden dürfen: »Alle Mächte des alten Europa haben sich zu einer heiligen Hetzjagd gegen dies Gespenst verbündet.«

Gespenster haben die Eigenschaft, dass sie eine Hetzjagd nicht zu fürchten brauchen. Vermutlich wollte Marx gerade dies ausdrücken. Gegen einen sichtbaren Gegner kann man mit militärischen Waffen kämpfen, wie heute mit Raketen, Panzern, Flugzeugen, also mit Geräten, die man bezahlen muss und an denen jemand verdienen kann. Ein Gespenst jedoch kann man nicht erschießen. Wer es versucht, durchlöchert höchstens das Porträt der Erbtante. Ein Gespenst ist etwas Geistiges, gegen das man offensichtlich nur mit geistigen Waffen kämpfen kann. Hier sind wir bei der Kernfrage angelangt: Wie geht man mit geistigen Erscheinungen um, z. B. auch mit religiösem Fanatismus? Wie macht man mit ihnen und gegen sie Politik? Die Antwort ist theoretisch einfach: Man geht *mit* ihnen um und nicht gleich *gegen* sie vor. Die Geschichte bis hin zur Gegenwart zeigt immer wieder, wie versucht wird, den Geist zu bekämpfen. Das hat noch nie funktioniert. Einst lachte man über Don Quijote und sein Gefecht gegen die Windmühlen. Sollte man sich heute nicht über die lustig machen, die die Botschaft des Cervantes noch immer nicht kapiert haben und gegen den Geist mit Geschossen vorgehen oder seine Vermittler einsperren und töten? Menschen versuchen seit Menschengedenken, mit Materie gegen den Geist vorzugehen. Daran hat sich nichts geändert. Der Ungeist kann und muss bekämpft werden, doch nicht mit einer »heiligen Hetzjagd«. Sie bringt Unheil und Misserfolg. Das zeigen Geschichte und Gegenwart. Gegen den Ungeist, wie auch immer er erkennbar wird, kann man nur mit geistigen Waffen vorgehen. Man kann ihn überwinden, wenn man ihm geistig überlegen ist. Der Bolschewismus, stalinistischer Prägung, wurde nicht militärisch besiegt, sondern durch Menschen, die geduldet und ausgeharrt haben, weil sie wussten, wo sie stehen. Geistige Standfestigkeit führt zum Sieg letzten Endes auch dort, wo sie am offenen Kampf mit Gewalt gehindert wird. Denken, auch wenn es äußerlich unerkannt bleibt, nimmt langsamen, aber wirksamen Einfluss auf die Welt.

Geist steuert den Zufall

Kann Denken den Zufall beeinflussen oder ist es umgekehrt?

Geist breitet sich aus und hilft Menschen auf der Suche nach dem, was fällig, was an der Zeit ist. Daher gibt es immer wieder Erfindungen, die gewissermaßen in der Luft liegen. Das Problem besteht dann nur darin, ein Mensch zu sein, der in der Lage ist, in dieser »Luft« zu forschen oder sich in ihr inspirieren zu lassen. Dazu muss man anderen, die das Gleiche tun, eine Nasenlänge voraus sein. Wenn es dann so weit ist, kann es geschehen, dass an mehreren Stellen der Welt die Erfindung an die Denkoberfläche tritt, als ob sie sagen würde: Hallo, hier bin ich endlich! Der Erfinder wird dann gewissermaßen zum Objekt der Erfindung. Das zu Erfindende tritt an die Oberfläche innerhalb menschlicher Denkhorizonte. So wurde beispielsweise die Infinitesimalrechnung von den Zeitgenossen Newton und Leibniz unabhängig voneinander entdeckt. Der Erfinder schafft ja nicht etwas, sondern er stößt auf eine Eigenheit oder Fähigkeit der Welt, die potenziell zuvor schon in ihr vorhanden ist. Er löst ein Rätsel, das selbst dann, wenn er es ist, der Rätsel und Lösung entdeckt, zuvor schon die Natur ihm unausgesprochen gestellt hat. Viele tun so, als ob der Mensch es wäre, der die Naturgesetze geschaffen hätte, wenn er sie entdeckt. Wir wissen nicht, welche Schätze die Welt noch verbirgt. Um sie zu finden, braucht man Menschen mit geistigen Detektoren, die die von unbekannten Welteigenschaften ausgehenden Signale einfangen.

So ähnlich geschah es, als ein alter Traum der Menschheit endlich wahr wurde: Die Übertragung der menschlichen Stimme über große Entfernungen hinweg. Vor der Erfindung liegt die Vision. 1854 veröffentlichte der fünfundzwanzigjährige französische Telegrafenbeamte Charles Bourseul in der Zeitschrift »L'Illustration« (nicht gerade in einem Fachblatt) einen Artikel über »Elektrische Übertragung der Sprache«, also über etwas, was es damals noch gar nicht gab. Bourseul meinte: »Stellen Sie sich vor, man spricht nahe an einer beweglichen Platte, die so flexibel ist, dass sie auf alle Schwingungen der menschlichen Stimme reagiert. Die Platte schließt und unterbricht mit Hilfe einer Batterie elektrische Kontakte. In der Entfernung haben Sie eine andere Platte, die gleichzeitig auf diese Schwingungen reagiert.« Er sagte dazu: »Was auch kommt, es ist sicher, dass in einer näheren oder ferneren Zukunft die Sprache über Elektrizität in die Ferne übertragen wird.« Eigentlich war mit dieser theoretischen Überlegung, der keine apparative Versuchsanordnung zugrunde lag, das Telefon schon erfunden. Doch niemand nahm den Artikel in der Illustrierten wirklich ernst, Bourseul bekam von seiner Verwaltung auch keinerlei Unterstützung, denn schließlich hatte man doch schon den Telegrafen, mit dem man einzelne Stromstöße so übertrug, dass der Empfänger durch sie Nachrichten erhalten konnte. Erst mehrere Jahre später, als Graham Bells Telefon längst seinen Siegeszug angetreten hatte, wurde Bourseul geehrt und befördert.

Sieben Jahre nach Bourseuls Artikel, 1861, hielt der Privatschullehrer und Hobbybastler Philipp Reis im Physikalischen Verein zu Frankfurt am Main einen Vortrag über »Telephonie durch galvanischen Strom«. Er wusste nichts von der Vorhersage des Franzosen. Bei seinen Versuchen hatte Reis zunächst damit begonnen, eine Stricknadel auf einer gespannten Schweineblase tanzen zu lassen. Schon zwei Jahre später boten Reis und der Mechaniker Wilhelm Albert »Telephone« zum Verkauf an, mehr oder weniger als Spielerei. Ernst genommen wurde Reis von studierten Physikern natürlich nicht. Es kann doch nicht sein, so dachten sie, dass da ein Laie, der nicht Physik studiert hat, etwas wesentlich Neues erfindet. Die Familienzeitschrift »Gartenlaube« berichtete zwar über diese Neuheit, nicht jedoch die »Annalen der Physik«. Wenigstens in dieser Beziehung waren sich damals Frankreich und Deutschland einig. Wir haben es bereits gesehen: Das Neue eckt an, das Perfektionierte rundet ab.

Bekanntlich gilt als Erfinder des Telefons, zumindest außerhalb von Deutschland, nicht Philipp Reis, sondern Graham Bell, doch dieser Ruhm wird ihm jetzt von ganz anderer Seite streitig gemacht, zu Recht. Bell ließ 1876 seine Sprechmaschine zum Patent anmelden, hatte aber von der Reis'schen Konstruktion noch nichts gehört, zumal Reis schon 1874 mit erst vierzig Jahren verstorben war. Das Bell'sche Telefon setzte sich in der Welt durch. Daran war nicht die Zustimmung der Gelehrten schuld, sondern die Geschäftstüchtigkeit des Konstrukteurs. Dabei ist es wohl bei Bell weniger um Inspiration als um Ideenklau gegangen. Der Italo-Amerikaner Antonio Meucci hatte schon von 1854 bis 1860, also etwa gleichzeitig mit Philipp Reis, einen elektrischen Fernsprechapparat konstruiert, mit dem er zwischen der Werkstatt, in der er arbeitete, und dem Schlafzimmer mit seiner bettlägerigen Frau sprechen konnte, nicht durch ein Rohr, sondern über ein Kabel. 1860 berichtete er in einer Zeitung über seine Erfindung. Meucci ließ seine Sprechmaschine 1871 vorläufig zum Patent anmelden.

Nach drei Jahren war es verfallen und er hatte kein Geld, um es verlängern zu lassen. Als er seine Papiere und Geräte zurückforderte, hieß es, sie seien nicht mehr vorhanden, man habe sie verloren. Kein Zufall wird es wohl gewesen sein, als kurz darauf in den Räumen, in denen Meucci gearbeitet hatte und teilweise noch Material von ihm lagerte, Graham Bell seine Sprechmaschine konstruierte, die er 1876 zum Patent anmeldete und dann mit ihr gute Geschäfte machte. Doch Meucci gab nicht auf. 1887 drang er auf ein Betrugsverfahren gegen Bell, das auch eingeleitet wurde. Nachdem Meucci 1889 verarmt verstorben war, wurde es allerdings nicht fortgesetzt. Erst über ein Jahrhundert später, im Jahr 2002, erklärte der Kongress der Vereinigten Staaten, dass Meucci und nicht Bell der Erfinder und erste Patentinhaber des Telefons sei.

Bourseul hatte recht gehabt: Die Erfindung des Telefons musste kommen, sie war schon in einigen wachen Köpfen angelegt und konnte daher in kurzer Zeit an die Oberfläche gelangen. Dass die etablierte Umwelt zunächst die Erfindung abwimmelte, ist nichts besonderes, so wurde im 20. Jahrhundert z. B. die Basistechnologie des Fax und des LCD-Displays, also des flachen, ohne Röhre arbeitenden Bildschirms, in Deutschland zwar entwickelt, aber lange Zeit nicht genutzt, denn man verdiente doch gut mit Röhren, wozu dann etwas anderes? Die Koreaner dachten da flexibler, sie machten damit Geld. Mit ähnlichen Entdeckungen geistiger oder materieller Art wird es immer wieder so geschehen. Auch wer gut im Sattel sitzt, darf nicht schlafen, sonst fällt er vom Pferd. In Politik und Wirtschaft sollte man sich an diese Reiterweisheit gelegentlich erinnern.

Es gibt Entdeckungen, in denen der Zufall eine Rolle spielt. Doch der Zufall allein schafft noch nichts; um etwas zu bewirken, muss er auf Sinne treffen, die ihm gegenüber geöffnet sind. So verstanden, wird der Zufall ein geistiges Phänomen aus dem Zusammenwirken von Ereignis und Entdecker. Ein berühmtes Beispiel soll hier erwähnt werden.

Es war im September 1928, als der Bakteriologe Alexander Fleming, der stellvertretende Leiter des Impflaboratoriums im Londoner St. Mary's Hospital, wieder einmal seine Bakterienkulturen überprüfte. Eine dieser Kulturen war verdorben, denn es hatte sich Schimmel entwickelt. Vermutlich war die entsprechende Bakterienkultur nicht mit genügend Sorgfalt gegen Einflüsse aus der Luft abgeschirmt gewesen, sodass einige wenige Schimmelsporen eindringen und die Kultur verunreinigen konnten. Fleming wollte diese Bakterienkultur schon vernichten, da bemerkte er zufällig, dass im Umkreis der verschimmelten Bezirke die Bakterien sich nicht ausgebreitet hatten oder wieder abgestorben waren. Er beschloss, dieses Phänomen näher zu untersuchen. Da Fleming auch als Lehrstuhlinhaber für Bakteriologie an der Londoner Universität wirkte, konnte er seine Beobachtungen schon im folgenden Jahr in einer bakteriologischen Fachzeitschrift veröffentlichen. In diesem Artikel meinte Fleming, solche Schimmelpilze, die er jetzt Penicillin nannte, könnten sich auch als Heilmittel gegen bakterielle Infektionen eignen. Da Fleming nicht in der Lage war, Penicillin rein darzustellen, konnte er es nicht wirksam einsetzen. Sein Artikel fand daher wenig Beachtung, Fleming war enttäuscht und setzte seine Versuche nicht fort. Mancher Kollege mag gedacht haben: Das ist doch absurd! Mit Schimmel kann man nicht heilen, wo gibt's denn so etwas, das hatten wir doch noch nie! Dabei hätte gerade dies nicht gestimmt, denn in der Antike und bis ins Mittelalter legten manche »Chirurgen« schimmelige Lappen auf die Wunden in der Annahme, damit Entzündungen zu vermeiden. Diese

Methode entsprach allerdings nicht mehr neueren Hygienevorstellungen, sodass sie mit der Zeit wieder vergessen wurde.

Erst zehn Jahre nach Flemings Entdeckung gelang es Howard Florey und Ernst Chain an der Universität Cambridge, Penicillin in einer zunächst noch aufwändigen Methode so zu isolieren, dass es zu Heilzwecken angewendet werden konnte. Die Amerikaner erkannten sofort die großen Möglichkeiten dieses Heilmittels und begannen mit der Produktion, zunächst nur für militärische Zwecke zum Einsatz bei verwundeten Soldaten. Erst 1945 begann die Verwendung in der privaten Medizin. Gleichzeitig mit dem Beginn des Siegeszugs der Antibiotika in aller Welt erhielten Fleming, Florey und Chain zusammen den Nobelpreis.

Bei dieser »Geschichte« spielen mehrere Zufälle eine gewisse Rolle. Zunächst einmal war es die vermutlich nicht normale Verunreinigung der Versuchsanlage. Noch wesentlicher waren Flemings Aufmerksamkeit und seine Reaktion. Angenommen, er hätte die verschimmelte Probe nicht selbst genau betrachtet und stattdessen seine Assistenten verschimpft, weil sie zu wenig auf die Sterilität des Versuchs geachtet hatten, dann wäre sie weggeschüttet worden. Sähe es heute ohne dieses Ereignis um die Weltgesundheit ganz anders aus? Würde dann an Lungenentzündung, Tuberkulose, Syphilis und vielen anderen Krankheiten ein großer Teil der Infizierten sterben wie früher oder hätte ein anderer Forscher vielleicht schon kurze Zeit später die antibakterielle Wirkung von Schimmelkulturen doch noch entdecken müssen? Liegen nicht Entdeckungen gewissermaßen in der »Luft«, wenn es an der Zeit ist? »Musste« diese Entdeckung früher oder später irgendwo gemacht werden oder war es wirklich nur ein weltgeschichtlicher Zufall, ohne den die Medizin ganz andere Wege gegangen wäre? Den richtigen Zufall zu erkennen, setzt das richtige Denken voraus. Zufall und Denken müssen sich in einer über beidem liegenden Einheit verbinden, gewissermaßen ein System bilden. Damit entfällt die Frage: Lenkt der Zufall das Denken oder lenkt das Denken den Zufall? Die Frage wird ebenso unsinnig wie die: Fährt der Fahrer das Auto oder fährt das Auto den Fahrer?

Gibt es ein geistiges Subjekt, das die Erfindung herbeigeführt hat? Hat hier ein altes, einst intuitiv angewandtes Heilverfahren, das in die Abgründe des menschlichen Vergessens gesunken war, sich wieder Zugang ans Licht verschafft? Anders gefragt: Konnte es eines Tages aus dem kollektiven Unbewussten der Menschheit wieder an die Denkoberfläche finden? Wenn es so wäre, dann müsste man dem untergegangenen Wissen tatsächlich eine eigene seelische Substanz zubilligen. Zu diesem Schluss kam der Schweizer Psychiater C.G. Jung, als er immer wiederkehrende uralte Traumsymbole entdeckte. Es könnte so sein: Die Dinge der Welt stehen in verschlüsselten Beziehungen zueinander, sind auf vielfältige Weise miteinander verbunden. Wenn wir dieses Netz mit der nötigen Weisheit und den richtigen Fragen betrachten, können wir Linien entdecken, die auf die Lösung von Welträtseln hinweisen. Sie erscheinen dann plötzlich als roter Faden im Gewirr. Das Problem bleibt: Wie will man einen solchen, subjektiv handelnden roten Faden deuten oder gar denen erkennbar machen, die ihn nicht sehen? Hierüber kann man sich nur in gewagten und womöglich unnützen Spekulationen ergehen. Die Preise und Orden werden bekanntlich erst dann vergeben, wenn alle Welt kapiert, dass man mit einer Sache Geld machen kann, wenn der nützliche Erfolg sich eingestellt hat.

Der Geist, was er auch immer sei, hält sich an keine Kausalgesetze. Er weht wo und wann er will, er ist so unzuverlässig wie der Mensch, der ihn... aufnimmt... verspürt... besitzt... wirken lässt... sich mit ihm befasst... sich von ihm erfassen lässt... sich ihm öffnet... Wer das, was in unseren Köpfen vor sich geht, nur für eine Art von Datenverarbeitung halten will, hat sich vermutlich noch nie von etwas »inspirieren« lassen und noch nie eine Be*geist*erung durch ein Kunstwerk erlebt oder angesichts eines Erlebnisses sein eigenes Leben in einem anderen, neuen Licht entdeckt, ganz abgesehen davon, dass die Liebe in allen Gestalten, so auch die Liebe zur Weisheit, ein Phänomen ist, das sich allen Programmen widersetzt.

Sokrates und der fragwürdige Nutzen der Wahrheit

Ein nachempfundener Dialog mit seinem Schüler Lysimachos dem Jüngeren

Lysimachos d. J. [L]: Hallo, Sokrates, warum bleibst du allein auf der Straße stehen, als ob du mit anderen diskutieren würdest?

Sokrates [S]: Ich verhandle mit mir selbst und da vergesse ich manchmal weiterzugehen.

L: Was nützen dir denn deine stummen Selbstgespräche?

S: Nichts.

L: Aber warum lässt du dann solche Selbstgespräche nicht sein?

S: Weil ich denken und mir antworten muss.

L: Das verstehe ich nicht. Wenn du in angeregter Runde mit andern verhandelst und du gefragt wirst, dann vielleicht musst du antworten. Auch ich habe schon oft deine geistreichen Reden genossen, doch wenn du allein bist, hat doch niemand etwas davon, es hört dich ja keiner.

S: Doch, ich selbst höre mich.

L: Kannst du dir auch selbst widersprechen? Du musst doch schließlich wissen, was du sagen und denken willst.

S: Meine eigenen Gedanken widersprechen mir ständig, wenn ich nachdenke. Meinst du vielleicht, ich könne mir alles glauben, was mir eben so in den Kopf kommt? Meine Gedanken stellen sich gegenseitig in Frage und dann versuche ich, mir zu antworten. Manchmal wiederhole ich dieses

Spiel wie im Gespräch mit anderen, um der Wahrheit ein kleines Stückchen näher zu kommen.

L: Und die Wahrheit, wem nützt sie?

S: Wahrheit? Wir suchen in unseren Gesprächen nach ihr, doch wir besitzen sie nie. Wir lassen die Wahrheit nach und nach entstehen und wo es keine Auseinandersetzung mit dem Andersdenkenden und Anderswissenden gibt, kommt sie nicht zustande.

L: Ich habe gefragt, wem die Wahrheit nützt.

S: Was kann uns etwas nützen, was wir nicht besitzen?

L: Mich wundert, was du da sagst. Ihr sucht doch ständig nach dem Wahren, dem Guten, dem Schönen, dem Gerechten. Eure Gespräche müssen doch ein Ergebnis haben, sonst nützen sie ja nichts.

S: Wie ich eben schon sagte, sie haben keinen Nutzen, mit dem sich konkret etwas anfangen ließe. Und wo die Wahrheit auf »richtig« und »falsch« reduziert wird, geht sie mit der Zeit zugrunde. Wahrheit ist das, was zur Wirklichkeit passt. Sie ist deshalb oft so schillernd wie die Wirklichkeit selbst.

L: Und gibt es wenigstens ein Ergebnis in euren Gesprächen?

S: Nein, das haben wir nicht. Will man Dingen auf den Grund gehen, darf man sie nicht einfach als Tatsachen sehen, die jeweils für sich allein in der Welt dastehen. Man muss auch ihre Umgebung und vor allem ihre Herkunft aus der Sprache beleuchten. Sie sind Bestandteile eines Netzes. Wir suchen die Wahrheit und wissen doch, dass wir sie nicht packen können, weil sie mit tausend Fäden an die Welt gebunden ist, aus der wir sie nicht herauszerren können. Die Wahrheit ist eine Schönheit, die sich uns nie nackt zeigt. Wer sie besitzen will, dem entzieht sie sich. In unseren Gesprächen reden wir begeistert von dieser Schönheit, dann erscheint sie für kurze Augenblicke, sie erleuchtet uns wie ein aufblitzender Funke. Das ist für uns schon ein Glückserlebnis.

L: Ist dieses kurze Aufleuchten der Wahrheit schon alles?

S: Das Fünkchen Wahrheit kann ein leuchtendes Feuer entzünden. Dieses Feuer erleuchtet alle, die wie wir nach der Wahrheit suchen.

L: Dann gibt es also doch einen Nutzen der Wahrheit?

S: Habe ich denn gesagt, wir hätten die Wahrheit?

L: Nein, aber die Nähe der Wahrheit erwärmt und beflügelt den Geist, so habe ich das jedenfalls verstanden.

S: Das hast du richtig erkannt. So ist es.

L: Und was nützt diese Wärme?

S: Sie nützt und schadet zugleich.

L: Wie soll ich das verstehen? Wenn etwas zugleich Vor- und Nachteile haben soll, dann lohnt es sich doch nicht, danach zu suchen.

S: Die Suche bringt mich und andere dem reinen Bereich des Geistes und damit Gott näher. Ich spüre mich der Ewigkeit, der Zeitlosigkeit verbunden.

L: Und der Nachteil?

S: Viele können die Wahrheit nicht ertragen. Ihr Feuer, das uns erwärmt, deuten andere als Brandstiftung. Und du weißt ja, was mit Brandstiftern geschieht, falls man sie erwischt.

Die Auflösung von Subjekt und Objekt

*Das Geheimnis der Voraus-
und Weiterdenker*

Vorausdenker haben ein Geheimnis, doch sie geben es nicht preis, weil es sich nicht in Rezepte fassen lässt, die man unter der Hand weitergeben oder in einem nützlichen Ratgeber vermarkten könnte. Solche Menschen haben das, was sie vor anderen auszeichnet, nicht systematisch erlernt und meist werden sie sich selbst dessen nicht bewusst. Vielleicht gibt es doch einen Hinweis. Er stammt von dem großen Mystiker Meister Eckhart von Hochheim (ca. 1260–1327) aus seiner Predigt 48: »Und so gehe der Mensch voran und hege keine Furcht, sodass er also nicht überlege, ob's auch recht sei, auf dass er nicht etwas falsch mache. Denn wollte ein Maler gleich beim ersten Strich alle weiteren Striche bedenken, so würde nichts daraus.« Es ist die Unbekümmertheit solcher Menschen. Sie fragen nicht nach Geld, Nutzen und Ehre. Doch das Wichtigste, vielleicht unbemerkte Geheimnis besteht in Folgendem: Es ist die Auflösung des Verhältnisses zwischen Subjekt und Objekt. Ihr Werk bleibt nicht länger etwas, an dem sie nur mit Willen und Verstand arbeiten. Es ist eher umgekehrt: Das Werk arbeitet an ihnen und auch mit ihnen. Es macht sich selbständig und zwingt sie zum Handeln. Vorausdenker und Werk bilden eine Einheit. Der erste Pinselstrich öffnet dem Bild die Chance, sich zu zeigen. Der Maler gehorcht seiner Eingebung durch das in seinem Inneren vielleicht schon vollendete Bild, das er aber noch nicht kennt. Das begonnene Werk nimmt seinen Schöpfer gefangen. So berichtet Robert Mayer (1814–1878), wie er 1840 als junger Schiffsarzt auf einer Handelsreise nach Java plötzlich dem Gesetz von der Erhaltung der Energie auf die Spur kam und dann in einen ekstatischen Zustand verfallen sei, der ihn so gefangen genommen hatte, dass er sich für die Schönheiten der Tropeninsel nicht mehr interessierte und, obwohl er als Arzt mehr oder weniger physikalischer Laie war, ununterbrochen mit seinem Problem gerungen habe.

Die Vorausdenker müssen die Gegenwart auf andere Weise erleben. Sie erleben sie nicht wie das Kind als einen so sein müssenden Zustand, als etwas Selbstverständliches, sondern als etwas Zeitbedingtes, Vorüberziehendes, Veränderbares. Für sie ist die Welt immer nur vorläufig, es ist ein ständiges Gleiten aus der Vergangenheit in die Zukunft. Dadurch verliert die Gegenwart einen Teil ihrer Bedeutung, sie wird fast unwichtig, weil sie nur eine kleine Phase im Rahmen der Geschichte ist. Die Geschichte wird ihnen jedoch wichtig, denn sie spüren dies: Wer die allem zugrunde liegende Vergangenheit in sein Denken nicht mit einbezieht, verliert die Orientierung. Es genügt nicht, zu wissen, wo man hinwill, man muss auch wissen, wo man herkommt.

Der Vorausdenker muss sich andererseits auch lösen können, lösen aus der Zeit- und Zweckgebundenheit. Nur so kann es ihm gelingen, die Denkstrukturen der Gegenwart hinter sich zu lassen, um Neues zu entdecken. Dabei kommt es gar nicht auf die Suche an. Picasso hat einmal gesagt: »Ich suche nicht, ich finde.« Ein Erfinder ist kein »Ersucher«, ihm helfen oft Nebensächlichkeiten, scheinbare Zufälle. Ein Experiment ist manchmal wie ein Kleinkinderspiel: tastend, planlos, abstrus, doch mehr oder weniger unbewusst von einer geistigen Vorstellung gelenkt. Wer etwas hinter diesem Spiel ahnt, kann es fortsetzen. Oder es mag auch sein, dass andere einen scheinbar sinnlosen Einfall ausnützen und auf ihre Weise sinnvoll weiter ausbauen. Man kann auch durch einen gescheiterten Versuch gescheiter werden.

Das absurd Anmutende bleibt Geheimnis, es verliert seine absolute Unzugänglichkeit erst, wenn man es zu betreten wagt, in der Hoffnung, dort eine Heimat zu finden und die Antworten auf Fragen, die noch keiner gestellt hat.

Geistige Einflüsse kommen aus der Zeitlosigkeit. Sie überspringen Zeitalter und Dimensionen, Denkkategorien und Ordnungen. Sie entspringen dem Chaos, dem Nährboden der Schöpfung. Sie sprengen festgefügte Verkrustungen und krempeln das Denken um. Sie kommen aus der Stille, der inneren Ruhe und Gelassenheit. Die vielleicht ergreifendste und revolutionärste Vision eines solchen Denkens schildert der Evangelist Lukas im »Lobgesang der Maria« (Lukas 1, 46 ff): »Er übt Gewalt mit seinem Arm und zerstreut, die hoffärtig sind in ihres Herzens Sinn. Er stößt die Gewaltigen vom Thron und erhebt die Niedrigen. Die Hungrigen füllt er mit Gütern und lässt die Reichen leer ausgehen.« Hier wird keine politische Revolution angefeuert oder zu einem heiligen Krieg aufgerufen, es geht andererseits auch nicht um eine Theorie, sondern es wird die Gewissheit einer *geistigen* Zukunft verkündet, die den Zeitgenossen aller Zeiten noch nie in den Kram gepasst hat und nie passen wird. Der Kampf des Geistes gegen die immerwährende, an der Materie haftende Gegenwart wird nie entschieden werden und so wird die Vision aus dem »Magnifikat« nie ein Teil der Denkgeschichte, sondern ein allgegenwärtiges Versprechen für eine immer wieder für Augenblicke in greifbare, erahnbare, erhoffbare Nähe geratende Zukunft.

Solche Zustände zu erreichen und Hoffnung auf sie zu machen ist nicht nur eine Aufgabe der Religionen, sondern auch der Geisteswissenschaften insgesamt. Ihre vielseitigen, alle Grenzen des Denkbaren überschreitenden Einsichten ermöglichen den Zugang zu Bereichen, die sich nicht wissenschaftlich errechnen lassen. Das ist auch der Grund, warum sie »sich nicht rechnen«. Man kann sie nicht direkt für die Mehrung des Wohlstands einsetzen, sie sind daher für Materialisten unnütz oder allenfalls ein intellektueller Luxus. Geistig rückständige Industrielle und Politiker, die in ihrem Reden – vom Denken ist zu schweigen – nicht aus der Gegenwart hinausfinden und zu Lasten der geisteswissenschaftlichen Fächer für die vordergründige Nutzbarkeit des Wissens in allen Bereichen der Ausbildung plädieren, sägen an der Kreativität der Zukunft, auf die wir alle angewiesen sind. Man sollte sie in ihrer Kümmerlichkeit und unbebrillten Kurzsichtigkeit noch deutlicher entlarven, als dies in der Öffentlichkeit geschieht. Es geht dabei nicht nur um die offensichtlichen Vordergründe des Denkens, sondern auch um seine Hintergründe, deren Bindung an kausalen Erfolgen nicht erkennbar ist und nur über viele Umwege und lange Zeitspannen sich als notwendig erweisen. Man kann die geistigen Erfolge dieses Denkens nicht klinisch testen und statistisch erfassen, das macht es den Vorausdenkern so schwer, ihre Einsichten zu verteidigen.

Wie man Descartes überwindet

Die Grenzen des geregelten Denkens

Zwei der erfolgreichsten schwäbischen Tüftler früherer Jahrhunderte, Wilhelm Schickard und Philipp Matthäus Hahn, waren beide Theologen. Ihr Landsmann Kepler war in seinem Denken eng mit Philosophie und Theologie verbunden. Was unterscheidet nun das Denken derer, die zielorientiert einen nutzbaren Erfolg anstreben, von denen, die frei und ohne Bindung an ein materiell fassbares Ziel forschen, denken, grübeln oder gar meditieren? Die erfolgreichen Tüftler kannten vermutlich beide Denkarten. Sie ließen sich von der einen inspirieren, mit der anderen arbeiteten sie auf dem Weg zum Ziel. Natürlich denkt niemand in der Praxis daran, die beiden Komponenten des Denkens zu trennen, sie müssen sich überlagern.

Das an Ziele und Regeln gebundene rationale Denken lässt sich am einfachsten anhand der Methoden des René Descartes (1596–1650) erklären, deren Einfluss auf das Denken in den Jahrhunderten nach ihm nicht hoch genug eingeschätzt werden kann. Descartes war einer der geistigen Väter des technischen Fortschritts, eines Fortschritts, der zu seiner Zeit in der ersten Hälfte des 17. Jahrhunderts nur in bescheidensten Ansätzen erkennbar und noch kaum wirklich nutzbar war. In seinem Werk »Regeln zur Ausrichtung der Erkenntniskraft« (Regulae ad directionem ingenii) lässt schon die erste von insgesamt 21 Regeln erkennen, worauf es Descartes ankommt: »Es muss das Ziel der wissenschaftlichen Studien sein, die Erkenntniskraft darauf auszurichten, dass sie über alles, was vorkommt, unerschütterliche und wahre Urteile herausbringt.« Ob es solche »unerschütterlichen« Urteile in der Forschung wirklich geben kann, fragt Descartes nicht. Immerhin geht es ja zunächst nur um die Absicht, solche Ergebnisse hervorzubringen. Doch schon die zweite Regel schränkt ein: »Nur mit solchen Gegenständen darf man umgehen, zu deren zuverlässiger und unzweifelhafter Erkenntnis unsere Erkenntniskraft offenbar ausreicht.« Mit dieser Regel schloss Descartes alles aus, was sich überhaupt nicht eindeutig feststellen und sagen lässt, und das trifft praktisch die ganze Geisteswissenschaft, denn selbst die Geschichte muss mit Mutmaßungen umgehen, um Zusammenhänge zu deuten. Descartes fordert in allem ein Denken in methodischen Schritten, eine Aufteilung in Teilfragen und daraufhin eine systematische Aufzählung der Erkenntnisse. Den »Hammer« bringt die achte Regel: Wenn man im Forschen an eine Stelle kommt, die man nicht erklären und sicher durchschauen kann, muss man aufhören und »sich überflüssiger Arbeit enthalten«. Mit anderen Worten, nützlich ist nur das, was funktioniert. Alles andere ist Allotria. Zum Glück haben sich bedeutende Naturforscher zumindest an diese Regel nicht gehalten, sie haben ihre Suche nicht abgebrochen, obwohl sie sich auf unsicheres Gelände begaben. Sie haben ihre Zweifel und Unsicherheiten nicht zum Anlass genommen zu resignieren. Die Denknutz-Politiker und mit ihnen viele Naturwissenschaftler sind also geistig bei Descartes stehen geblieben.

Immerhin errichtete auch Descartes mit seinen Denkmethoden eine Grundlage der modernen Datenverarbeitung. Zu einer Zeit lange vor der Erfindung der binären Rechenmethode durch Leibniz lehrte er die systematische Aufteilung eines Problems in Teilfragen. Diese Methode wurde dann bei der Digitalisierung für die Datenverarbeitung bis ins Extrem ausgeweitet.

Wie denkt der »Unnützling«, der Vorausdenker, der Visionär? Während die »Regeln« eine systematische Informationsbeschaffung und -Analyse erfordern, schweift der Vorausdenker zeitweise ziel- und planlos durch die Denklandschaften, er durchstöbert auch geistige Papierkörbe, er klammert das Unnütze und Systemwidrige nicht von vornherein aus. Seine Assoziationen verbinden Fernliegendes miteinander. Es ist ein einsames oder gemeinsames »Brainstorming«: Auch absurde Vorschläge werden nicht kritisiert oder zerredet, sondern daraufhin geprüft, ob und inwieweit sie als Brücke zu weiterführenden Assoziationen dienen können. Wenn kein Weg weiterführt, bei scheinbar gesperrten Straßen, hebt der Vorausdenker in eine höhere Dimension ab. Sein geistiger Horizont hört am sichtbaren Horizont nicht auf. So öffnet er sich den Einfällen, die dem Systematiker verschlossen sind. Sein form- und zwangloses Denken liegt fern von jeder Programmierbarkeit, da seine Informationsaufnahme nicht auf das Sachdienliche beschränkt ist, es ist niemals nachvollziehbar. So kommen Einfälle, Inspirationen, Visionen zustande, die unerwartbar sind.

Es gibt in unserer Gegenwart eine große Reihe revolutionärer Denker, die Alternativen zu dem von der etablierten Wissenschaft mehr oder weniger dogmatisch fest-gestellten Weltbild erkennen. Fast alle Gebiete der Naturwissenschaft werden überlagert von solchen neu erscheinenden Grundannahmen. Überall werden die Fundamente und Ränder der Wissenschaft nicht nur empirisch erforscht, sondern, wie einst bei Denkern von Kepler bis Einstein, auch durch geistig orientierte Theorien in Frage gestellt und durch neue Erkenntnisse ersetzt. Doch kaum einer von diesen Denkern bekommt Anerkennung durch die Fachwelt. Die Außenseiter gelten so lange als Spintisierer, bis durch eine spektakuläre empirische Entdeckung, vielleicht Jahrzehnte später, zumindest der Schein eines Beweises gelingt.

Dazu ein Beispiel. Ein wissenschaftlicher Außenseiter auf dem Gebiet der Chemie hat eine revolutionäre Deutung chemischer Grundlagen entwickelt, die von der Fachwelt ignoriert wurde. Daraufhin bat er einen berühmten Nobelpreisträger um ein Gespräch über seine neue Theorie. Dieser lehnte ab mit der Begründung, er habe lange um seine eigene Theorie gerungen, die sei jetzt anerkannt, daher habe er nicht die Absicht, sie jetzt durch einen andern in Frage stellen zu lassen. Wie auch immer die Theorie dieses Außenseiters bewertet werden mag, die ihm zugegangene Antwort lässt erkennen, dass es dem Nobelpreisträger weniger auf den Fortschritt der Wissenschaft ankam als auf die Verteidigung des von ihm selbst errungenen Bodens. Diese Geschichte dürfte kein Einzelfall sein. Doch ein guter Einfall ist selten schon die Lösung eines Problems, er bereitet sie meist nur vor. Dann müssen sowohl Voraus- als auch Nutzdenker auf dem Weg zum Ziel die Descartes'sche Methode wieder anwenden. Es muss hier ausdrücklich gesagt sein: Wir brauchen die rationalen Denkmethoden natürlich nach wie vor. Sie müssen uns auch in Zukunft weitere technische Fortschritte ermöglichen, sie müssen erlernt und beherrscht werden. Beherrschen heißt: Sie nutzen, nicht aber sich ihnen unterordnen. Doch die beste Denkmethode führt uns nur auf dem eingeschlagenen Weg weiter, sie findet keine neuen, noch unbekannten Wege. Das Neue muss erahnt, erträumt, erhofft werden, bevor es erdacht werden kann.

Künstler auf allen Gebieten und Ebenen können nur

dann Wesentliches schaffen, wenn sie unbeeinflusst denken können und dürfen. Doch dabei kann es nicht bleiben. Am Erlernen des Handwerks kommen auch sie nicht vorbei. Sie dürfen sich nicht auf ihre höheren Regionen zurückziehen, zumindest mit einem Bein müssen sie den Bodenkontakt aufrechterhalten. Schließlich müssen sie ihre geistigen Ideen auf die Erde herunterholen und in Werke verwandeln. Kurz gesagt, sie müssen Geist in Materie verwandeln. Gelingen kann ihnen das nur, wenn sie nicht nur geistige, sondern auch zeitliche Freiräume nutzen können. Die Musen küssen nur den, der Muße hat.

* * * *

Der Denkanfang

Wer gründlich ein Problem zerpflückt,
dem ist die Lösung fast geglückt.
Dies lehrte schon René Descartes.
Er hat die Menschheit nicht genarrt.

Der weitere Fortschritt zeigte dann,
wie man Teilfragen teilen kann.
Jetzt endlich werden sie so klein,
dass nur ein Band aus Ja und Nein
die Vielfalt unserer weiten Welt
in Eins und Null zusammenhält.

Doch immer bleibt dann noch ein Rest,
der sich nicht mehr verdaten lässt.
Mit ihm, den keiner messen kann,
fängt eigentlich das Denken an.

Intermezzo: Vom einsamen Spielen

Ein Spielwarenhersteller, der ineinandersteckbare Bausteine aus Kunststoff herstellt, hat im Laufe einer Generation die von ihm angebotenen Artikel nach und nach umgestellt. Dominierten zunächst verschieden große Bausteine, mit denen man praktisch alles bauen konnte, was der kindlichen Fantasie entsprach, werden jetzt von dieser Firma in erster Linie fertige Artikel wie Raumfähren, Roboter, Dinosaurier, Burgen, Monster, Rennwagen, Flugzeuge und einfach alles hergestellt, was in kindertümlich gemeinten Comics und Fernsehfilmen eine Rolle spielen kann. Das Kind muss dann nach einem mitgelieferten Bauplan die Teile nur noch zusammenstecken, dann hat es ein perfekt konstruiertes Plastikspielzeug zum Anschauen; spielen kann man damit kaum. Die Bestandteile eignen sich auch nicht ohne Weiteres dazu, um etwas anderes damit zu bauen. Wenn das Kind einen neuen Gegenstand haben will, muss man ihm einen weiteren Baukasten kaufen. Als Geschäftsidee für Industrie und Handel mag das recht nützlich sein, für die kindliche Entwicklung nicht. Haben sich der Geschmack und die Wünsche der Kinder innerhalb einer Generation so grundlegend gewandelt, dass sie sich heute nur noch eine Fernsehwelt ohne Bildschirm zusammenstecken wollen?

Ob und inwieweit man das Zusammenstecken nach einem vorgefertigtem Bauplan noch wirklich als Spielen bezeichnen kann, das ist die Frage. Das ungezwungen und frei, also nicht nach vorgefertigten Mustern spielende Kind braucht »Rohmaterial«, es verlässt die vorgegebene und vorgeschriebene Welt und taucht wie der Künstler in eine eigene, innengesteuerte Welt ein, in der es keine Anleitungen und Rezepte gibt. Dabei kommt es ihm eigenartigerweise nicht darauf an, die Produkte der Wirklichkeit besonders ähnlich zu gestalten oder nach ihrer Nützlichkeit zu fragen. Es ist erstaunlich, als was Kinder ihre Fantasiekonstruktionen manchmal bezeichnen, was sie in sie hineingeheimnissen können.

Kinder werden oft mit diesem Satz ermahnt: »Erst die Arbeit, dann das Spiel«, doch in der Entwicklung ist es gerade umgekehrt. Warwitz-Rudolf deuten das so: »Kinder stellen sich beim Spielen in aller Regel nicht die Frage, was sie vom Spielen haben, wozu sich Spielen lohnen, welcher Nutzen sich dabei für ihr späteres Leben ergeben könnte. Sie wollen einfach ihre Spielfreude und ihren Bewegungsdrang ausleben.«

Spielerisches Denken ist scheinbar nutzloses Denken und jeder schöpferische Mensch muss sich sein Leben lang die kindliche Spielfreude erhalten; er spielt mit Gedanken, mit Worten, mit Bildern, mit Tönen, mit Konstruktionen, vor allem aber auch mit technischen oder sonstigen Gegenständen. Ohne die als Kind im Spiel erworbene Einübung in diese wert- und nutzfreie Welt, kann ein Mensch keine Fantasie entwickeln und wird dadurch allenfalls zum nützlichen Konsumenten erzogen. Das hat ja auch Vorteile für die Kosten-Nutzen-Gesellschaft. Der kreative Denker hält sich nicht an vorgegebene Denkmuster und Denkbaupläne, seine geistigen Bausteine sind aus keinem Katalog. Es sind freie Gedanken und innere Bilder, er würfelt sie durcheinander und kombiniert sie auf neue Weise. Nur so entsteht etwas, aus dem das Neue herauswachsen kann.

Wer fragt nach dem Nutzen der Liebe?

Eine himmlische Szene

Am Tag vor der Schöpfung verkündete Gott seinen himmlischen Heerscharen, was er vorhatte und sagte: »Ich schaffe jetzt etwas Neues. Es kündigt sich schon an, merkt ihr es denn nicht?«

Die Engel blickten ihn stumm an. Dann setzte er seine Rede fort: »Ich will eine ziemlich große Welt erschaffen, besonders kümmern will ich mich jedoch um die der Erde. Das ist eine Kugel, die um eines meiner unendlich vielen Sternchen kreist, es ist mein Lieblingsstern und er heißt Sonne.« [Anmerkung: Gott wusste natürlich schon längst vor den Päpsten, wie der Kosmos funktionieren sollte.] »Auf dieser Erde«, so fuhr der Herr der himmlischen Heerscharen fort, »sollen zunächst Bäume wachsen, dann auf den Bäumen Affen leben und schließlich unter den Bäumen Menschen.« Er zeigte dazu Planungen für das Paradies. Dabei stellte Gott am Bildschirm dar, wie Adam und seine Eva als Prototypen der künftigen Menschheit aussehen sollten. Als die Engel die fantastischen Menschkonstruktionen sahen, erhob sich ein himmlisches Gelächter. »So ein Quatsch«, sagte da einer vor sich hin. Andere murrten: »Das hatten wir doch noch nie, wie soll denn das funktionieren?« Wieder andere ließen verlauten: »Das wird garantiert ein Reinfall.«

Ein etwas vorlauter Cherubim fragte: »Aber mein lieber

Herr Zebaoth, was soll denn der Unsinn? Wozu soll das nütze sein? Und das mit deinen Menschen, das klappt doch nie. Du wirst sehen, so wie die gebaut sind, werden sie dir nie gehorsam sein. Die Eva will immer gleich ernten und alles haben, sie wird Äpfel klauen und wenn du die beiden aus dem Paradies hinausschmeißt, werden sie erst recht weiteren Unfug anstellen. Pass auf, wenn die mal Kinder haben, dann werden die sich gegenseitig umbringen und so geht es gerade weiter. Dann vermehren sich diese Wesen mit der Zeit vielleicht so stark, dass sie in der Lage sind, deine Welt kaputt zu machen.«

Der Herr blickte etwas indigniert in die Runde und musste feststellen, dass die meisten nicht ihm, sondern dem frechen Cherubim zustimmten. Dann sagte er lautstark: »Ruhe im Himmel! Schließlich bin ich hier der Herr, ich mache, was meinem göttlichen Willen entspringt. Ich will die Welt, so wie ich sie schaffe, und kein Haar anders. Ich bin, der ich bin und sein werde! Ihr werdet sehen, mit der Zeit funktioniert das alles wunderbar im reinsten Sinne des Wortes. Und hör zu, mein vorlauter Cherubim: Wer immer gleich nach dem Nutzen fragt, der wird zum Opfer derer, die es auch tun. Und so schadet er auf die Dauer sich und den anderen. Die Menschen sollen danach fragen, wie sie in mein Reich kommen, dann erledigt sich das mit dem materiellen Nutzen von selbst. Merkt euch das eine: Ich schaffe die Welt so, dass man mich nicht sieht und den Menschen schenke ich die Freiheit, ungehorsam zu sein, damit sie zunächst einmal selbst erkennen, was passiert, wenn sie meine Gesetze nicht befolgen. Doch ich werde eingreifen, wenn sie es gar zu toll treiben. Außerdem sollen sich die Menschen auf der Erde nie langweilen. Sie sollen immer nach mir forschen und mich suchen. Und denen, die das tun, will ich Freude und Zufriedenheit schon auf der Welt schenken.

Wer mich wirklich liebt, wird sich vor nichts mehr fürchten müssen, denn er weiß ja, dass ich für alle da bin. Ist das nichts?«

Die Engel tuschelten untereinander. Manche nickten Zustimmung, andere wiegten bedächtig den Kopf. Da sagte Erzengel Raphael zu Gott: »Mein Freund Michael und ich wären zufrieden, wenn wir Engel auf der Erde da unten auch etwas zu sagen hätten.« Das überzeugte Gott. »Einverstanden«, sagte er. »Ihr dürft den Menschen beistehen und ihnen den rechten Weg zeigen. Aber lasst euch dabei ja nicht erwischen. Keiner darf euch Engel sehen! Wenn einer, den ihr leitet, den rechten Weg findet, dann muss er das Gefühl haben, er selbst habe ihn gefunden.«

Die Engel waren darüber etwas enttäuscht, doch sie gaben sich mit dieser Geheimmission auf der Erde zufrieden. Noch etwas sagte der Herr: »Auch wenn die Menschen immer dazu neigen, Unfug zu treiben, sollen sie mich als Vater der Welt anerkennen.«

Uriel fragte: »Und woher sollen sie das wissen?«

Da antwortete Gott: »Die Menschen dürfen mit mir reden, mich bitten und mich fragen.«

Damit war Uriel nicht zufrieden: »Und wie antwortest du ihnen?«

Der Herr erwiderte: »Wenn mich die Menschen lieben, werden sie schon erfahren, dass ich es gut mit ihnen meine. Sie werden mich mit dem Herzen verstehen und wissen, was sie tun sollen und was nicht.«

Da erschien auf einmal in einem langen festlichen Gewand Chochma oder Sophia, die Frau Weisheit. »Auch ich möchte von den Menschen geliebt werden«, forderte sie.

Gott schaute sie kurz und nachdenklich an, dann entschied er: »Aber natürlich, mein Liebling, was würde ich ohne dich schaffen, du spielst vor mir mit Gedanken und schaffst daraus die Naturgesetze, nach denen später die gescheiten Menschen forschen werden.«

Frau Weisheit machte ein ungläubiges Gesicht, etwas, was man im direkten Anblick des allmächtigen Herrn eigentlich nicht tun konnte.

»Da sehe ich Probleme auf mich zukommen«, meinte sie. »Ich fürchte, dass da trockene Professoren auftauchen werden, mit der unsäglichen Behauptung, nur sie wüssten, wie man mich richtig lieben könne.«

Gott erwiderte: »Alle Menschen, auch wenn sie sich nicht als offizielle Liebhaber der Sophia ausweisen, sollen dich lieben. Sie müssen nur bereit sein, über sich und die Welt nachzudenken.«

»Gut«, sagte Sophia, »ich will mal sehen, wie das mit meinen Verehrern und Erforschern funktioniert.« Dabei blickte sie nach unten in die irdische Zukunft. Nach einer Weile fing sie plötzlich schallend zu lachen an. Die himmlischen Heerscharen schauten fragend auf sie.

»Was gibt es denn da zu lachen, wenn du deine künftigen Verehrer anblickst?«

Da sagte Sophia: »Heute Morgen habe ich alle physikalischen Gesetze für den Urknall vorbereitet, da sehe ich jetzt schon – im Himmel gibt es bekanntlich keine Zeit – einen Gelehrten mit wirren Haaren, ich glaube, er nennt sich Eisenstein oder so ähnlich, der behauptet, es ginge nichts schneller als die Lichtgeschwindigkeit und wer mit ihr davonfliege, für den bleibe die Zeit stehen. Hat der eine Ahnung! Ich halte doch für seine Nachfolger noch ganz andere Überraschungen bereit, da werden die Menschen einmal staunen. Und das ist die Höhe, lieber Gott, er behauptet, du würdest niemals würfeln.«

Gott schmunzelte und zeigte stumm auf einen riesigen Würfel.

»Der Zufall ist doch mein Lieblingsspiel«, sagte er. »Ich würfle ständig, dabei weiß ich natürlich immer schon im Voraus, welches Ergebnis herauskommen soll. Das wird den Menschen natürlich nicht in ihre Logik passen, doch ich stehe über der Logik. Mein Lieblingsspiel mit dem Würfel ist ›Mensch ärgere dich nicht!‹. Ich spiele auch gerne mit Karten, doch ich lasse mir nie in die Karten schauen. Es muss den Menschen genügen, wenn sie meine Werke sehen, die sind Beweise meiner Macht, und wenn ihnen etwas nicht gefällt, dann ist das ihr Problem, nicht meines.«

Dann meldete sich Erzengel Gabriel zu Wort: »Chef, darf ich auch schon ein bisschen runterschauen auf dein kommendes Werk?«

Gott sagte: »In Gottes Namen, äh, in meinem Namen natürlich, tu', was du nicht lassen kannst, schau halt mal runter.«

Gleich darauf brummte Gabriel vorwurfsvoll: »Das da unten ist ja voll von unnützem Zeug. Das ist die reinste Verschwendung. Statt *einer* schönen Blume willst du Milliarden schaffen. Und Samen erst. Eine Blume erzeugt hunderte von Samen, wozu denn? Ein Baum bräuchte, um seinen Fortbestand zu sichern, nur *eine* Frucht mit *einem* Samenkern. Und was sehe ich? Jedes Jahr produziert er tausend Früchte, von denen jeder wieder viele Samen hat. Überall verschwenderischer Reichtum, ein Übermaß an Vielfalt und alles viel zu bunt und dicht. Das ist doch höchst unwirtschaftlich. Chef, du solltest vor der Schöpfung erst einen Unternehmensberater einschalten. Solche Leute wissen es besser als du selbst, Chef.«

Als Gott dies hörte, runzelte er die Stirn. »Gabriel«, sagte er streng, »warst du etwa unten im Keller, hast du an einem Seminar des Teufels teilgenommen? Du weißt doch, dass ich den Kerl nicht leiden kann.«

Gabriel bekam einen roten Engelskopf.

»Nein«, sagte er, »ich habe nur mal eben bei einem Schnupperkurs reingehört und bin dann wieder gegangen, weil es da unten eiskalt war. Aber ich finde es ganz vernünftig, was der Unternehmensberater da über Wirtschaftlichkeit, über Sparmaßnahmen und über geordnete Organisationsstrukturen sagte.«

Da sprach Gott: »Vernunft ist gut, die muss sein, das sagt Sophia auch immer. Doch mich und Sophia bindet die Vernunft nicht. Wir stehen weit über der Vernunft. Und die Wirtschaftlichkeit mag ja manchmal auch ganz gut sein, doch wer sie überall einsetzen will, der kommt in Teufels Küche. Ich kümmere mich nicht um die Wirtschaftlichkeit. Ich will eine bunte Welt, die voller Blumen steht und in der ein Überfluss an Früchten herrscht. Und dann noch die Ordnung. Meine Ordnung passt in kein menschliches System, sie ist nur für denjenigen erkennbar, der das Chaos nicht scheut. Und dann noch etwas, mein lieber Gabriel, lass dir von dem Kerl da unten nicht einreden, man könne der Herrschaft des Geldes freien Lauf lassen. Die Menschen sollen den Umgang mit dem Geld beherrschen, nicht umgekehrt, wie es der kaltschnäuzige Flegel im Keller lehrt. Bei dem lässt du dich nicht mehr blicken! Verstanden?«

»Klar, ich gehe da nicht mehr hin. Doch eine Frage habe ich noch, ich wollte sie schon gleich stellen. Wem nützt die Welt, für wen und warum schaffst du sie?«

Der Herr war auf diese Frage schon vorbereitet: »Die Welt als Ganzes nützt niemandem. Ich bekenne mich zum unnützen Denken. Die Welt ist grundlos, ich beabsichtige nichts mit ihr. Sie ist dann einfach da und sie wird so, wie sie sein kann und sein muss, so, wie ich sie haben will. Doch innerhalb der Welt gilt der Allnutz.«

Gabriel blickte hinauf: »Wie meinst du das, Herr? Ich dachte, die Welt nützt niemandem?«

»Merkst du nicht den Unterschied. Ich sagte innerhalb der Welt gibt es den Allnutz. Alles nützt allem. Es geht nicht das kleinste Teilchen je verloren. Alles wird einem natürlichen Zweck zugeführt. Die von mir installierte Natur wird nichts verkommen lassen, sie ist eine große Wiederaufbereitungsanlage und Zeit spielt keine Rolle. Darin unterscheide ich mich von den kalten Herren da unten im Keller. Die faseln von Wirtschaftlichkeit, kümmern sich aber nicht um den Erhalt der Materie. Die produzieren Güter und wenn sie ausgedient haben, lassen sie sie verkommen. Dann muss ich dafür sorgen, dass nichts verloren geht.«

Gabriel nickte kurz, aber überzeugt, ergriff seine Harfe und schwebte ab auf seine Lieblingswolke.

Am andern Morgen nahm Gott sein Feuerzeug und zündete den Urknall. Es gab einen gottesmillionischen Schlag, ein himmlisches Feuerwerk, die Funken stoben in alle Richtungen. Die paar Milliarden Jahre, die es nach menschlichen Zeitvorstellungen dauerte, bis die Erde da unten entstanden war, verliefen in der göttlichen Zeitlosigkeit wie ein paar Sekunden. Die Engel staunten, freuten sich an all dem Neuen und Uriel dirigierte den Engelschor. Er stimmte Lobgesänge aus Haydns Oratorium »die Schöpfung« an.

Etwas später, als das mit Adam und seinen Nachfolgern schon längst Geschichte war, kamen seine Engel wie immer mit ihren Harfen zur Morgenandacht. Der Herr war übel gelaunt. Da fragte ihn Raphael: »Was ist denn los, mein Gott?«

Der schimpfte lange über Moses: »Ich habe dem genau gesagt, was er in die Tafeln mit den Geboten schreiben soll. Das Wichtigste hat der Kerl vergessen. Ich habe angeordnet, dass ein Gebot so lauten soll: Du sollst nicht verachten noch bekämpfen den, der Gott im Herzen anders erkennt als du, und ihm auf andere Weise dient.«

»Au, au«, warf da Michael ein, »ohne dieses Gebot gibt es

garantiert Zoff. Wir haben da unten auf der Erde schon bemerkt, dass die künftigen Menschen zu Selbstgerechtigkeit neigen und jeder meint, er allein habe die Wahrheit für sich gepachtet.«

Der Herr stampfte so verärgert auf den himmlischen Boden, dass unten die Erde gewaltig bebte. Dann schimpfte er: »Verdammt noch mal, denen werde ich es zeigen: Menschen, die meinen, sie allein dürften den Schlüssel zum Himmel verwalten, mit denen will ich nichts zu tun haben. Es gibt keinen Geheimweg zu mir und keine Patentrezepte, wie man es mir recht machen kann. Der Weg zu mir steht allen offen, die mich lieben. Und wer mich liebt, verachtet und bekämpft andere nicht.«

Da meldete sich Gabriel: »Wie willst du die bestrafen, die dich nicht sehen wollen und deine Gebote nicht einhalten?«

Der Herr antwortete: »Von Bestrafung halte ich nichts, auch die Hölle ist keine Strafanstalt, ich habe dem Teufel das Aufheizen des Kellers verboten. Das ist gerade mein Trick: Wer sich mir nicht nähern will, der bleibt in der Kälte. So kalt, wie sie auf Erden gelebt haben, so kalt werden sie es nachher auch da unten empfinden. Doch mit der Zeit werden sie auch dort erlöst werden und spüren, dass sie meine Geschöpfe sind. Wer mich wirklich liebt, der hat keine Angst, er weiß, dass er in der Welt vor und nach dem Leben gut aufgehoben ist.«

Gabriel war davon nicht so recht überzeugt: »Woher sollen die Menschen denn wissen, dass es in der Hölle nicht heiß hergeht?«

Da dachte der Herr eine Weile nach, schließlich sagte er: »Ich kann ja mal meinen Sohn da hinunterschicken, der soll ihnen die Angst vor mir und meinen Widersachern endgültig nehmen, vor allem soll der das korrigieren, was der Moses verduselt hat.«

Gabriel war nicht zufrieden: »Wenn der Juniorchef den Menschen etwas sagt, was sie nicht kennen und ihnen nicht in den Kram passt, dann werden sie ihn sicher umbringen.«

Und Raphael ergänzte: »Und sie werden von dem, was er sagt, nur das glauben, was sie hören wollen, und dann kommen wieder gleich die Leute, die behaupten, sie seien die Einzigen, die alles wüssten.«

»Ach ja«, seufzte da Gott, »ich kenne die Geschichte. Die Menschen, die nicht mit mir reden und von mir nichts wissen wollen, für die ist alles Künden von mir und über mich und meinen Sohn zu nichts nütze. Ich werde meinen Sohn auch die ewigen Nutzdenker verunsichern lassen. Er soll gerade die preisen lassen, die scheinbar nichts nützen und daher oft verachtet werden: die geistig Armen, die Trauernden, die Sanftmütigen, die nach Gerechtigkeit Suchenden, die wegen dieser Suche Verfolgten, die Barmherzigen, die Naiven, die Friedfertigen. Vor allem werde ich ihn lehren lassen, die Menschen sollen nicht ständig kämpfen, prozessieren und dem Geld nachlaufen, wie es der da unten im Keller ihnen einredet. Ich gebe nur denen eine Ahnung von mir und Vertrauen ins Herz, die mich suchen und nach Frieden trachten. Hoffentlich kapieren das die Menschen und bringen meinen Sohn nicht um. Wenn sie es trotzdem tun, macht mir das nichts, dann kommt er eben früher wieder nach Hause.«

Nun meldete sich Gabriel der Praktiker wieder zu Wort: »Und wenn sie mich fragen, was nützt mir diese Liebe, was soll ich ihnen dann sagen?«

»Dann sag ihnen: Liebe ist Liebe. Wer nach ihrem Nutzen fragt, den geht sie nichts an.«

Darauf versammelte Uriel den gesamten Himmelschor und ließ das Halleluja aus Händels »Messias« anstimmen.

Warum es Philosophen manchmal so schwer haben, ihre Weisheit darzustellen

Ein Plädoyer für sprachliche Direktheit auch in der Philosophie

Manche Philosophen bemühen sich, ihr Denken gleich so zu formulieren, dass es von möglichst vielen verstanden wird, um wenigstens ganz indirekt auf das Leben zu wirken, um den Menschen jenseits der Nützlichkeit neue Einsichten zu vermitteln. Andere Denker unterstellen ihren Lesern, dass sie ebenso genial sind wie sie selbst. Sie bieten ihre Texte dar in intellektueller Verschlüsselung. Peter Sloterdijk – Spezialist für Zynismus – sagte einmal in einem Vortrag: »Nur ein Idiot sagt, was er denkt.« In solchen Fällen müssen die Nachdenker erscheinen und den oft schwierigen Text entschlüsseln und ins Verständliche übersetzen. Sie müssen versuchen, eine Aussage aus den Worten herauszutüfteln, weil sie sonst für die Welt verloren wären. Manchmal stellt sich dabei heraus, dass gar nichts gesagt ist, sondern nur Sprachwolken zu finden sind, die sich bei näherer Betrachtung als Dampf herausstellen. Wenn sich etwas Verwertbares findet, müssen die Nachdenker versuchen, das Vorausgedachte ins Leben zu übertragen. Hier ein paar Beispiele.

Martin Heidegger schrieb in seinem wohl berühmtesten Buch »Sein und Zeit« (1926) unter vielem anderen auch über Dasein, Ganzheit und ähnliche Zustände. Dabei meinte er: »Das Seiende hat überhaupt nicht die Seinsart eines innerweltlich Zuhandenen.« Der Text geht dann noch einige

Sätze weiter, bis Heidegger annehmen musste, manche Leser könnten vielleicht nicht alles verstehen. Daher ergänzte er das Vorangegangene, um zu zeigen, was er meinte.

»Man kann zum Beispiel sagen: am Mond steht das letzte Viertel noch aus, bis er voll ist. Das Noch-nicht verringert sich mit dem Verschwinden des verdeckten Schattens. Dabei ist doch der Mond immer schon als Ganzes vorhanden. Davon abgesehen, dass der Mond auch als voller nicht *ganz* zu erfassen ist, bedeutet das Noch-nicht keineswegs ein noch nicht Zusammensein der zugehörigen Teile, sondern betrifft einzig das wahrnehmende *Erfassen*.«

Wer meint, er habe nicht kapiert, dass hier von einem Halbmond die Rede ist, der bald als Vollmond erscheinen wird, dem liefert Heidegger aber noch weitere Aufklärung. So geht der Text weiter: »Das zum Dasein gehörige Nochnicht aber bleibt nicht nur vorläufig und zuweilen für die eigene und fremde Erfahrung unzugänglich, es ›ist‹ überhaupt noch nicht ›wirklich‹. Das Problem betrifft nicht nur die Erfassung des Daseinsmäßigen Noch-nicht, sondern dessen mögliches *Sein* bzw. *Nichtsein*.....«

Das klingt irgendwie bedeutend. Ein vorausdenkender Dichter hat die Übersetzung schon rund eineinhalb Jahrhunderte zuvor angefertigt. Sie erscheint wesentlich leichter zugänglich. Auch der Sinn geht schon jedem Kind ein, wenn es das Lied »Der Mond ist aufgegangen« singt.

Seht ihr den Mond dort stehen?
Er ist nur halb zu sehen
und ist doch rund und schön!
So sind wohl manche Sachen,
die wir getrost belachen,
weil unsre Augen sie nicht sehn.

Matthias Claudius (1740–1815)

Eine Nachdenkaufgabe bestünde darin herauszufinden, worin das Zusätzliche in dem Satz Heideggers gegenüber Claudius besteht. Wäre es denkbar, dass es gar nicht vorhanden ist? Insoweit würde Heideggers kunstvoller Satz hinter dem noch kunstvolleren Gedanken von Claudius zurückbleiben. Man darf ruhig misstrauisch sein gegenüber Verschlüsseltem.

Es gibt noch einen anderen Weg, mit intellektueller Verschlüsselung umzugehen, indem man versucht, einen philosophischen Text seiner sprachlichen Kunstfertigkeit und Vielschichtigkeit zu berauben, und das, was man von ihm verstanden hat, mit eigenen, möglichst kurzen Worten wiederzugeben. Bei dem folgenden Text des Soziologen und Philosophen Niklas Luhmann (1927–1998) spürt man immer noch ein wenig vom Geist eines Heidegger, auch wenn seine Philosophie in eine ganz andere Richtung ging.

»Die Welt schließt das erlebende System ein als Teil ihrer selbst – es kann sich nicht erleben als extramundanes Subjekt – und ist für dieses System doch ein ›außen‹; sie wird in der Form, in der sie sein Erleben dirigiert, nämlich als Verweisung auf immer andere Möglichkeiten, durch Erleben konstituiert und ist für das Erleben doch nur als Horizont von Objekten zugänglich.« Die Formulierung »Welt als Horizont von Objekten« wäre an und für sich sehr schön, doch durch das Auseinanderziehen der Begriffe macht Luhmann diesen Satz in seiner Schrift »Erleben und Handeln« von 1978 ziemlich schwer verständlich. Der angeschnittene Gedanke ist damit nicht abgeschlossen, er wird so weitergeführt: »Weltzurechnung ist mithin zunächst eine Zurechnung auf Indifferenz (und insofern kein genaues Korrelat zur Zurechnung auf Systeme); sie tritt jedoch im sozialen Verkehr unter den Druck des Bedarfs für Zurechnungsentscheidungen und wird so durchweg (nicht aber in gewissen

Arten der Reflexion) respizifiziert als Umweltzurechnung. Sie wird, mit anderen Worten, ›binarisiert‹ und in einer Weise praktiziert, die Systemzurechnung ausschließt.«

Diese Ausdrucksweise verrät allerhöchste philosophische Kunstfertigkeit, sie enthält allerdings reichlich Ballaststoffe, die möglicherweise gesund sind für die philosophische Darmpflege und unverdaut wieder ausgeschieden werden. Doch bleibt dann immer noch die Frage: Was kommt davon beim Leser wirklich an, falls er sich darum bemühen sollte, den Text zu verstehen? Ich habe versucht, den Inhalt dieses Geisteskonstrukts zu deuten, und schlage als Übersetzungsversuch vor: »Der Mensch ist ein Teil der Welt, doch erlebt er sie, als ob er ihr gegenüberstünde. Nur so kann man sein Verhalten deuten.«

Wenn ein wissenschaftlich eingebundener Philosoph sich so kurz und knapp ausdrücken würde, könnte er damit keine Vorlesung ausfüllen. Und die Hörer würden sagen: Na ja, ist doch eigentlich alles klar. – Ich habe noch einen anderen sehr freien Übersetzungsversuch gesucht. Den habe ich unter den vielen Gedichten von Eugen Roth leider nicht gefunden, darum habe ich gedanklich seiner Gedichtsammlung »Ein Mensch« einen Vierzeiler zugefügt.

Ein Mensch wär' gern aus sich heraus gegangen,
doch leider bleibt er in sich selbst gefangen.
Und schließlich, dämpfend seine Ungeduld,
denkt er, nicht ich bin, nein, die Welt ist schuld.

Dass viele Philosophen so kompliziert schreiben, rührt daher, dass sie kompliziert denken. Das muss so sein, denn Erstens wissen sie viel und Zweitens erleben sie die Welt nicht so schlicht wie ein »Normalmensch«, sie blicken in ungeahnte Hinter- und Abgründe des Denkens, wo sich

Gedanken verzweigen und überschneiden. Wo andere Denklinien vermuten, erblicken sie Denknetze und vor allem Denkknoten. Die wollen sie beschreiben. Dennoch sollten manche Philosophen gelegentlich darüber nachdenken, ob sie sich nicht auch einfacher ausdrücken könnten. Das erfordert mitunter mehr Denkarbeit als das Niederschreiben komplizierter Satzkonstruktionen. Manche Denker schreiben alles nieder, was ihnen gleichzeitig in den Kopf strömt, anstatt sich die Mühe zu machen, das Eingeströmte sorgfältig auszubreiten. Ein Grund unter mehreren für die manchmal schier undurchdringliche Philosophensprache ist die bewusst oder unbewusst wahrgenommene Konkurrenz zu anderen Wissenschaften, die ja ebenfalls ihre nur für Insider zugänglichen Fachsprachen entwickelt haben. Welcher Laie versteht schon ein mathematisches Werk? Ob dieses unausgesprochene Argument überzeugen kann, ist fraglich. Ludwig Wittgenstein schrieb einmal: »Das Einzige, was ich habe und was mich für die Philosophie befähigt, ist ein sehr guter Verstand. Er ist so gut wie der eines ganz ungebildeten Menschen.« So geht es eben auch. Man muss schon genial sein wie er, um so zu denken und zu schreiben. Solche Klarheit der Gedanken ist entwaffnend, doch Wittgenstein war Außenseiter, nirgendwo und an nichts angepasst. Er lieferte fast nur Kurztexte im Bewusstsein, dass hinter unserem Bild von der Welt viele einzelne Beobachtungen stehen.

Wozu ist dann also das philosophische Theoretisieren gut? Nützt es uns oder der Welt? Jürgen Habermas schrieb in einem Beitrag über das Thema »Was Theorien leisten können – und was nicht« (1990): »Die jungen Leute erwarten heute etwas mehr von Philosophie und sind natürlich enttäuscht, dass sie im Studium nicht lernen, wie sie ihre eigenen Lebensprobleme lösen.« Damit hat er sicher recht. Doch was folgt er daraus? »Um etwas von der theoretischen Arbeit zu haben, muss man sie zunächst einmal um ihrer selbst willen betreiben. Das bringt heilsame Frustrationen mit sich.« Diesem Satz möchte ich widersprechen. Natürlich muss ein Student mit Frustrationen leben können, doch oft sind sie gerade nicht heilsam, sondern krankmachend, dann nämlich, wenn die erhoffte Beziehung zur Wirklichkeit nicht nur unsichtbar, sondern nicht einmal mehr ahnbar bleibt, wenn Definitionen, Konstruktionen und Theorien übereinander herfallen und sich gegenseitig zerfleischen. Wenn dann von der Philosophie nur noch harte Knochen zurückbleiben, ist es kein Wunder, wenn durch diese schwer verdauliche Nahrung nur ein knöcherner Output entsteht.

Das Heute ist kein unvollkommenes Morgen

Thesen über das Neue im Denken und wie es auf die Welt wirkt

1. Das Neue ist ein Teil des weltweiten Schöpfungsprozesses, der aus Fortschritten besteht. Es hält die Evolution in Gang. Die Evolution des Geistes wird durch inspirierte Menschen vorangebracht.
Die Schöpfung schreitet fort, sie bedient sich der Evolution, der allmählichen Gestaltung. Das, was diese Entwicklung in Gang hält, ist das Neue, das Vorher-nicht-Dagewesene. Es kann auf dem Vorhandenen aufbauen, um ihm eine neue Gestalt zu geben, oder etwas völlig Neues schaffen, auch wenn dies in mehreren Schritten geschieht. So hat sich auch der Mensch in der Evolutionen entwickelt.

2. Neues in der Ordnung kann nur dort entstehen, wo das Bestehende noch nicht vollendet ist.
Menschliche Ordnungen neigen zu Perfektion und Erstarrung. Wo die Jüngeren nicht mehr nützlich und gestaltend mitwirken können, weil alles geregelt erscheint, verlieren sie das Interesse an der bestehenden Ordnung. Wenn sie nicht resignieren wollen, müssen sie etwas Neues beginnen. Kurz: Wo Evolution nichts mehr bewirken kann, folgt der Tod oder die Revolution.

3. Das Neue befällt als Inspiration wenige einzelne Menschen, wobei es auch mehrere unabhängig voneinander treffen kann.
Das wirklich Neue, auch soweit es vom Menschen ausgeht, ist kein menschliches Konstrukt. Es kommt da etwas auf den Menschen zu, von dem die Weisen erkennen, dass sie es nicht bewusst herbeigeführt haben. Es überfällt sie, daher spricht man von Inspiration (eigentlich ist das eine »Einhauchung des Geistes«), von Eingebung oder Erfindung, also in jedem Fall etwas, das von außen, von oben in immaterieller Hinsicht in den Menschen dringt. Immer wieder geschieht es, dass neue Gedanken scheinbar unabhängig voneinander in mehreren Menschen entstehen, dass Erfindungen auf ähnliche Weise fast gleichzeitig, oder, ohne dass sie bekannt sind, in zeitlichen Abständen unabhängig voneinander gemacht werden. Die Evolution peilt Neues auf vielfältige Weise an.

4. Das Neue kann erhofft, erträumt, erahnt, gefunden oder scheinbar konstruiert sein, doch es kann nie herbeigezwungen werden.
Das Neue kündigt sich manchmal, viele Generationen bevor es erscheint, in den Köpfen an. Der Traum vom Fliegen ist vielleicht so alt wie der erste Mensch, der einen Vogel beneidet. Der Mythos von Dädalos und Ikaros ist mindestens zweitausend Jahre älter als die ersten Flugversuche. Natürlich muss sich der Mensch bewusst werden, was er tut und in welcher Form er das ihm Eingegebene weitergibt, doch ohne die Inspiration kann er lange vergeblich herumtüfteln, suchen und warten, etwas wirklich Neues kommt dabei nicht heraus. Die andere Frage ist natürlich, ob und wann man immer etwas völlig Neues braucht. Normalerweise genügt es, das Gewohnte auf geschickte Weise zu nutzen und fortzuentwickeln.

5. Die Vorausdenker, Inspirierten oder Propheten verlieren manchmal das Neue, bevor sie es weitergegeben haben, dann bleibt anderen oder Späteren vorbehalten, es scheinbar unabhängig wieder zu entdecken.
Wir wissen nicht, welche und wie viele geniale Entdeckungen je gemacht wurden, die unbemerkt wieder verschollen sind. Man denke auch an Schriften, die in Kriegswirren verbrannt sind, womöglich mitsamt ihrem Autor, ohne dass je die Möglichkeit bestanden hätte, sie ans Tageslicht zu bringen. Wir wissen nicht, welche Erfindungen im Versuchsstadium steckengeblieben sind, weil der Erfinder weder Geld noch Kraft hatte, sein Werk zu vollenden. Ein anderer musste früher oder später das angefangene Werk, von dem er nichts gewusst hatte, neu beginnen, um es auf seine Weise zu vollenden.

6. Die Vorausdenker spüren wie Propheten die Pflicht, das Neue zu verkünden, denn es darf nicht ihr Privateigentum bleiben, weil die Welt darauf angewiesen ist.
Propheten brauchen harte Schädel. Sie müssen ihr Werk bekannt machen. Sie wissen, dass es nicht ihre Privatangelegenheit ist, was sie da erkannt oder geschaffen haben. Wenn sie eine Spur entdeckt haben, gibt es nichts, was sie zurückhalten kann. Wer kennt die Vielen, die bei der Verfolgung ihrer geistigen oder materiellen Spur, die sie auf den richtigen Weg gewiesen hätte, auf halbem Wege aus Not umgekehrt oder umgekommen sind. Die Erfolgreicheren wussten immer, dass sie der Welt ihr Werk schulden und sie es nicht im Stich lassen dürfen.

7. Das Neue wird von der Mitwelt normalerweise nicht erwartet und daher als unnütz, ungewohnt, belanglos, abartig oder schädlich empfunden. Was gleich begrüßt wird, ist nicht wirklich neu.
Vorausdenker, große Erfinder, alle Künder des Unerwarteten haben es nicht leicht in der Welt. Sie erkennen im Senfkorn schon den fertigen großen Strauch, in dem die Vögel nisten. Während sie säen, wollen andere gleich ernten. Darum kann das, was die Denker zeigen wollen, der Mitwelt zunächst nicht nützlich sein, weil die meisten es weder sehen noch ahnen können. Das Nützliche baut auf dem Vorhandenen auf. Neuerrungenschaften, die sogleich begrüßt werden, bestehen zumeist nur aus einer Verbesserung des bestehenden Systems.

8. Der Vorausdenker lässt sich das Neue nicht ausreden. Verkündet er es gegen Widerstände weiter, dann kann er totgeschwiegen, mundtot gemacht oder getötet werden.
Das Fremdartige kommt von außen, nicht aus der Innenwelt derer, an die es gerichtet ist, sie müssen es daher ablehnen. Es ist anders als das Gewohnte. Die geistigen oder politischen Revolutionäre werden bekämpft. Das muss so sein, denn der Mensch, der mit dem Neuen konfrontiert ist, wird aus geistigen Besitztümern vertrieben. Das löst Gegenwehr aus, denn um Besitz wird immer gekämpft.

9. Der Geist des Neuen breitet sich aus, an der Oberfläche oder im Untergrund. Es kann durch Schriften, Bilder, über Weitersagen oder ohne Worte durch Gedankenübertragung in Umlauf kommen, auf die Zeit kommt es nicht an.
Auch die Gedanken der mundtot Gemachten und Eingesperrten dringen durch die Welt, langsamer vielleicht, doch umso wirksamer. Revolutionen können verzögert, aber nicht verhindert werden. Die neuen Gedanken dringen aus geis-

tigen Hinter- und Untergründen an die Oberfläche. Man kann auch davon ausgehen, dass hier die von jedem oft erfahrene, doch physikalisch noch nicht erklärbare Gedankenübertragung eine Rolle spielt. Wie lange es dauert, bis die neuen Gedanken ins Bewusstsein der Menschen dringen, ist unerheblich.

10. Das Neue greift um sich; es wirkt zunächst auf Einzelne, dann, in angepasster Form, auf die Massen. Es setzt sich durch, es verändert den geistigen und/oder materiellen Zustand der Welt.
Das Neue, sobald es in der Welt ist, breitet sich zunächst zögernd und dann immer schneller aus. Zunächst wird es von den geistig Wachen erkannt, diese erklären es den anderen. Dazu müssen sie es der Welt anpassen, nur so kann es zum allgemeinen Bewusstsein werden. Aus Gütern der geistigen Elite wird so mit der Zeit Handelsware und Gebrauchsgut. Erst durch seine Verwendung beeinflusst und ändert es die Welt.

11. Auch das Neue kann vergänglich sein. Die Schöpfung bleibt nie stehen, sie muss voranschreiten. Ihre Fortschritte ändern ständig ihre Gestalt.
Das Neue kann, muss aber nicht vergänglich sein. Es gibt bleibende Erkenntnisse, die sich in der Welt dauerhaft durchsetzen, und solche, die einer vorübergehenden Zeit dienen. Das Neue kann altern und vergehen, um wieder anderem, zuvor nicht Dagewesenem, Platz zu schaffen. Der Gestaltwandel durch Fortschritt ist wertneutral.

12. Die Schöpfung ist nie vorläufig, sie ist immer vollkommen und am Ziel, das darin besteht, so zu sein, wie sie in der Gegenwart dessen ist, der sie betrachtet. Heute ist kein noch unvollkommenes Morgen.

Die Schöpfung bleibt nie stehen, sie ist ein dynamischer Prozess, in dem nie Halbfertiges, Unvollkommenes entstehen kann, denn sie ist in jeder Sekunde, die wahrgenommen wird, vollkommen. Mit menschlichen Maßstäben kann man die Vollkommenheit nicht erkennen. Die Welt war schon vor Milliarden Jahren ein »vorzeigbares« Produkt an Größe und Vollkommenheit. Wenn die Entwicklung unermüdlich weitergeht, dann nicht, um aus einem Provisorium etwas Endgültiges zu schaffen, sondern um uns erkennen zu lassen, dass Vollkommenes nicht darin bestehen kann, ein für allemal da zu sein. Das Neue ist ein Teil der Zeit, die nur in einer menschlich unvorstellbaren Unendlichkeit vollendet sein kann, nämlich dann, wenn zugleich das Gewordene und das Werdende in einer Schau auf einmal erfasst werden können.

Merksätze 3

Der Geist ist ein Schmetterling, der sich nur auf Blüten niederlässt, nicht aber auf Denkmaschinen.

Ein Gespenst kann man nicht erschießen. Wer es dennoch versucht, durchlöchert höchstens das Porträt der vergifteten Erbtante.

Der kreative Denker hält sich nicht an vorgegebene Denkmuster. Seine geistigen Bausteine sind aus keinem Katalog.

Wer immer gleich nach dem Nutzen fragt, der wird zum Opfer derer, die es auch tun.

Das Neue muss erahnt, erträumt, erhofft werden, bevor es erdacht werden kann.

Wo andere Denklinien vermuten, erblicken Philosophen Denknetze und vor allem Denkknoten.

Gegenüber intellektuell verschlüsselten Sätzen darf man misstrauisch sein. Vielleicht bestehen sie nur aus Denknebel.

Ein philosophisches ABC

A

A priori heißt: von vornherein
muss Ahnung in den Köpfen sein.

B

Beweist man mit Begriffen was?
Begriffe biegen sich wie Gras.

C

Charakter soll das Schicksal lenken?
Dies kann man nur als Chiffre denken.

D

Ein Denker will den Geist beschreiben.
Doch dieser denkt: Ach, lass es bleiben.

E

Erfahrung und auch Empirie
ersetzen uns Erkenntnis nie.

F

Fatal ist, wenn der Fortschritt endet
und alles folgenlos sich wendet.

G

Gelehrte haben Gott vergessen,
denn Glauben kann man niemals messen.

H

Humor kann nie der Weisheit schaden,
denn Heiterkeit löst Denkblockaden.

I

Ein Irrtum ist's, statt selbst zu denken,
sein Ich dem Internet zu schenken.

J

Ein Jüngling wähnt, vom Geist verlassen,
die Welt durch Ja und Nein zu fassen.

K

Ein weiser Kopf erkennt die Welt
als Kosmos, den ein Geist erhält.

L

Der Logos ist der Weltensinn,
nur Liebe führt uns zu ihm hin.

M

Maß-Nehmen kann der Mensch sehr leicht,
Maß-Halten hat er nie erreicht.

N

Wer alles auf den Nutzen richtet,
der hat das Neue nie gesichtet.

O

Die Ordnung herrscht im Lauf der Welten;
doch offenbar wird dies nur selten.

P
Der Pantheist sieht Gott im Staube,
dem Physiker fehlt dieser Glaube.

Q
Von Quellen bis zur Quintessenz
quält sich des Denkers Existenz.

R
Wenn Ratio nicht mehr helfen kann,
dann ruft der Mensch die Gottheit an.

S
Womit des Menschen Sein beginne?
Das Selbst liegt jenseits aller Sinne.

T
Der Technokrat meint, dass die Welt
wie seine Technik sich verhält.

U
Vom Urtrieb jedes Menschenspieles
verrät das Unbewusste vieles.

V
Hat wer im Kopf ein Vakuum,
dann stimmt ihn auch Vernunft nicht um.

W
Der Weltgeist wütet wankelmütig,
nur Weisheit macht den Menschen gütig.

X
Auch dem, der x-beliebig denkt,
wird mal ein Geistesblitz geschenkt.

Y
Ein Yogi spürt den Weltenklang
als Harmonie von Yin und Yang.

Z
Hat Zufall unsere Welt gemacht?
Daran sind Zweifel angebracht.

Literatur

Ahrendt, Hannah: Eichmann in Jerusalem; München 1964
Dies.: Denken ohne Geländer, Texte und Briefe, hrsg. von H. Bohnet und K. Stadler; München Zürich 2005
Bateson, Gregory: Geist und Natur; Frankfurt am Main 1987
Berendt, Joachim-Ernst: Ich höre, also bin ich; Freiburg i. Brsg. 1989
Brandt, Heike: Die Menschenrechte haben kein Geschlecht. Die Lebensgeschichte der Hedwig Dohm; Weinheim 1989
Cramer, Friedrich: Fortschritt durch Verzicht – Ist das biologische Wesen Mensch seiner Zukunft gewachsen?; München 1982
Dellian, Ed: Newton, die Wahrheit und die Rede von Gott; Münchener theologische Zeitschrift; 2000, S. 171 ff.
Ders.: Die Rehabilitierung des Galileo Galilei; Berlin 2006
Descartes, René: Philosophische Schriften; Hamburg 1996
Diogenes Laertius: Leben und Meinungen berühmter Philosophen; Hamburg 1990
Eccles, John C. und Daniel N. Robinson: Das Wunder des Menscheins – Gehirn und Geist; München 1985
Gulyga, Arseni: Die klassische deutsche Philosophie; Leipzig 1990
Habermas, Jürgen: Zeitdiagnosen, Zwölf Essays; Frankfurt am Main 2003
Hegel, G.W.F.: Werke in 20 Bd.; Frankfurt am Main 1971
Heidegger, Martin: Sein und Zeit; Tübingen 1986
Heisenberg, Werner: Physik und Philosophie; Stuttgart 1959
Hemleben, Johannes: Rudolf Steiner, Reinbek bei Hamburg 1963
Hesiod: Werke; Berlin und Weimar 1994
Hildergard von Bingen: Schriften, übertragen von Johannes Bühler; Leipzig 1922
Hilscher, Gottfried (Hrsg.): Geniale Außenseiter; Wien Düsseldorf 1975
Jaspers, Karl: Der philosophische Glaube; München 1948
Kant, Immanuel: Gesammelte Schriften, hrsg. von der Königlich Preußischen Akademie der Wissenschaften, Berlin 1902/10

Kepler, Johannes: Kosmische Harmonie (1619); Leipzig 1925
Konfuzius – Kungfutse- Gespräche – Lunyü –. Übers. von Richard Wilhelm (1914); Wiesbaden 2005
Krüll, Marianne: Im Netz der Zauberer – Eine andere Geschichte der Familie Mann; Frankfurt am Main 1993
Künzel, Werner und Bexte, Peter: Allwissen und Absturz. Der Ursprung des Computers; Frankfurt a.M. Leipzig 1993
Lauxmann, Frieder: Der Philosophische Himmel; München 1999
Ders.: Die Philosophie der Weisheit – Die andere Art zu denken; München 2002
Ders.: Wonach sollen wir uns richten? Stuttgart Zürich 2002
Ders.: Die Schöpfung – Philosophische Wege zum Erleben der Welt; München 2004
Lenk, Hans (Hrsg.) Handlungstheorien interdisziplinär II; München 1978
Lenk, Hans u.a. (Hrsg) Ethik in der Wirtschaft; Stuttgart Köln Berlin 1996
Lenk, Hans: Einführung in die angewandte Ethik – Verantwortlichkeit und Gewissen; Stuttgart Berlin Köln 1997
Ders.: Ethik als Philosophie konkreter Humanität in: Helmut Reinalter (Hrsg.) Humanität und Ethik für das 21. Jahrhundert; Innsbruck 2004
Lichtenberg, Georg Christoph: Schriften und Briefe; München 1968.
Luhmann, Niklas: Erleben und Handeln, in: Handlungstheorien interdisziplinär II; hrsg. von Hans Lenk; München 1978
Lukrez (Titus Lucretius Carus): Vom Wissen des Weltalls (De rerum natura) übers. von Dietrich Ebener; Berlin und Weimar 1994
Luther, Martin: Tischreden, hrsg. von A. Frederking; Berlin o.J.
Mandeville, Bernard: Die Bienenfabel oder private Laster, öffentliche Vorteile. (1714) Mit einer Einleitung von Walter Eucher; Frankfurt am Main 1980
Ders.: Eine bescheidene Streitschrift für öffentliche Freudenhäuser (1724); München 2001
Marcuse, Herbert: Der eindimensionale Mensch (1964); Frankfurt am Main 2005
Ders.: Schriften; Frankfurt am Main 1984
Meadows, Dennis (Club of Rome): Die Grenzen des Wachstums; Stuttgart 1972

Meister Eckehart: Deutsche Predigten und Traktate; hrsg. von Josef Quint; München 1963
Mendelssohn, Moses: Ästhetische Schriften; Darmstadt 1974
Mill, John Stewart: Über die Freiheit (1859); Stuttgart 1988
Ders.: Der Utilitarismus (1861); Übersetzung und Nachwort von D. Birnbacher; Stuttgart 1985
Miller, Jacques-Alain u.a.: Utilitarismus; Wien 1996
Munk, Siegfried Werner: Märtyrer im Geist – Gedanken zur Mission Rudolf Steiners; Heidelberg 1996
Nietzsche, Friedrich: Werke, hrsg. von Karl Schlechta; München Wien 1973
Noack, Paul: Olympe de Gouges; München 1992
Paracelsus (Theophrast von Hohenheim): Schriften, hrsg. von Hans Kayser; Leipzig 1924
Platon: Sämtliche Werke; deutsch von Rudolf Rufener; Zürich und München 1974
Rousseau, Jean-Jacques: Die Bekenntnisse; München 1978
Ders.: Die Träumereien des einsamen Spaziergängers; Zürich München 1978
Ders.: Kulturkritische und politische Schriften in 2 Bd.; Berlin 1989
De Saint-Exupéry, Antoine: Wind, Sand und Sterne (Terre des Hommes, 1939); Düsseldorf 1953
Schäfer, Ortwin: Kontrastives Denken; Berlin 1999
Schelling, Friedrich Wilhelm Joseph: Werke; München 1927 (1979)
Schneider, Wolf: Die Sieger – Wodurch Genies, Phantasten und Verbrecher berühmt geworden sind; München 1996
Schumacher, Ernst Friedrich: Die Rückkehr zum menschlichen Maß (Small ist beautifull); Reinbek bei Hamburg 1977
Smith, Adam: Der Wohlstand der Nationen (1776); München 1993
Sobel, Dava: Galileis Tochter; Berlin 1999
Stephan, Inge und Weigel, Sigrid: Die Marseillaise der Weiber; Hamburg 1989
Stopczyk-Pfundstein, Annegret: Philosophin der Liebe – Helene Stöcker; Stuttgart 2003
Thierse, Wolfgang: Wenn der Markt zum Spitzensport wird; Publik-Forum 15/2006
Volpi, Franco und Nida-Rümelin, Julian: Lexikon der philosophischen Werke; Stuttgart 1988

Wachsmuth, Günther: Rudolf Steiners Erdenleben und Wirken; Dornach 1964

Warwitz, Siegbert und Rudolf, Anita: Vom Sinn des Spielens; Hohengehren 2003

Wittgenstein, Ludwig: Wiener Ausgabe – Studientexte; Wien 1994–1996

Ders.: Vermischte Bemerkungen; Frankfurt am Main 1977

Frieder Lauxmann:
Spannende Einblicke in die Welt der Philosophie

Die Schöpfung

Wie ist unsere Welt entstanden? Frieder Lauxmann stellt naturwissenschaftliche, philosophische und mythologische Erklärungsmodelle vor.

248 Seiten, ISBN 978-3-485-01025-2

Die Philosophie der Weisheit

Frieder Lauxmann untersucht das Phänomen Weisheit und zeigt, wie wir mit ihr die Probleme unseres Lebens und unserer Gesellschaft lösen.

272 Seiten, ISBN 978-3-485-00922-5

Mit Hegel auf der Datenautobahn

Ein unterhaltsames und aufschlussreiches Plädoyer für Philosophie zum Anfassen und für kreative Denkabenteuer.

304 Seiten, ISBN 978-3-485-00747-4

nymphenburger

Lesetipp

BUCHVERLAGE
LANGENMÜLLER HERBIG NYMPHENBURGER
WWW.HERBIG.NET